项目决策与评价方法

李金超　吴新平　著

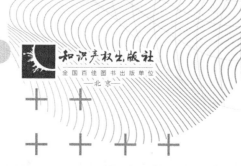

知识产权出版社
全国百佳图书出版单位
—北京—

图书在版编目（CIP）数据

项目决策与评价方法/李金超，吴新平著. —北京：知识产权出版社，2023.2
ISBN 978 - 7 - 5130 - 7863 - 4

Ⅰ.①项⋯ Ⅱ.①李⋯ ②吴⋯ Ⅲ.①工程项目管理—项目决策 ②工程项目管理—项目评价
Ⅳ.①F284

中国版本图书馆 CIP 数据核字（2021）第 234296 号

责任编辑：高志方　　　　　　　　　　　责任校对：谷　洋
封面设计：陈　珊　陈　曦　　　　　　　责任印制：孙婷婷

项目决策与评价方法

李金超　吴新平　著

出版发行：知识产权出版社 有限责任公司		网　　址：http://www.ipph.cn	
社　　址：北京市海淀区气象路 50 号院		邮　　编：100081	
责编电话：010 - 82000860 转 8512		责编邮箱：15803837@ qq. com	
发行电话：010 - 82000860 转 8101/8102		发行传真：010 - 82000893/82005070/82000270	
印　　刷：北京九州迅驰传媒文化有限公司		经　　销：新华书店、各大网上书店及相关专业书店	
开　　本：787mm×1092mm　1/16		印　　张：15.5	
版　　次：2023 年 2 月第 1 版		印　　次：2023 年 2 月第 1 次印刷	
字　　数：237 千字		定　　价：78.00 元	

ISBN 978 - 7 -5130 -7863 -4

自 序

项目决策与评价方法是一门新兴的学科，是现代管理知识的一个重要组成部分。随着全球化进程、"一带一路"倡议的不断推进，跨国工程、海外工程投资规模不断扩大，越来越多的工程项目需要进行论证决策。同时，由于各个国家的国家制度、法律法规、文化环境、基础设施、经济环境、社会环境等方面存在差异，传统的项目决策与评价方法需要针对性的创新，并且需要通过实际案例论证评价方法的有效性。因此，本书在阐述项目决策与评价方法的基础上，结合电力工程项目的特点，对项目决策和评价方法做出针对性的讲解和解析，做到了从一般到特殊，从特殊再到全面，使得我们可以更深刻、更透彻地去看待项目决策与评价方法。

本书各章的内容安排分别为：第一章 概述，主要介绍项目决策与评价方法等相关概念；第二章 项目经济评价与决策，主要包括经济分析、财务评价、国民经济评价、经济决策及实证等内容；第三章 投资风险量化分析及决策，主要包括投资风险概念、投资风险分析方法以及实证等内容；第四章 多准则项目决策方法，主要包括多准则项目决策概念、决策方法以及实证等内容；第五章 基于仿真技术的决策方法，主要包括仿真技术介绍及实证；第六章 决策工具套件介绍，主要包括不确定性分析决策工具、决策树方法实现工具、灵敏度分析工具、高级统计分析软件、智能决策软件以及优化决策软件工具等介绍。

本书由华北电力大学经济与管理学院李金超副教授负责拟定大纲及统稿工作；吴新平高工负责实证及第六章编写；编写过程中还得到兰心怡、牛晓轩、乔越、王嵘婧、李天芝、李慧宇、于天雪、鹿世强、向思徽、刘序、刘洪旭、徐润岑等人的支持。本书在编写的过程参考了众多的文献资

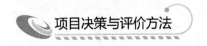

料，在此向这些文献的作者表示由衷的感谢。

由于笔者水平和学识的局限，不足之处在所难免，诚恳地欢迎读者和专家学者提供宝贵的建议，帮助我们对本书不断改进！

李金超

2023 年 2 月 11 日

目　　录

第1章　概　述 …………………………………………………… 1

1.1　项目决策概念 ……………………………………………… 3

1.1.1　项目概念………………………………………………… 3

1.1.2　项目目标………………………………………………… 4

1.1.3　项目决策………………………………………………… 7

1.2　项目评价方法 ……………………………………………… 8

1.2.1　评价的概念……………………………………………… 8

1.2.2　评价作用 ……………………………………………… 10

1.2.3　项目决策与评价的关系 ……………………………… 11

1.3　本书主要内容 ……………………………………………… 11

第2章　项目经济评价与决策 ……………………………… 13

2.1　经济分析概念 ……………………………………………… 15

2.1.1　经济分析定义…………………………………………… 15

2.1.2　经济评价基本原则 …………………………………… 16

2.1.3　财务评价与国民经济评价的区别 …………………… 17

2.2　财务评价详解 ……………………………………………… 18

2.2.1　财务评价意义 ………………………………………… 18

2.2.2　财务评价指标体系的构成 …………………………… 19

2.2.3　盈利能力评价指标 …………………………………… 20

2.2.4　偿债能力评价指标 …………………………………… 26

2.2.5　财务基本生存能力评价指标 ………………………… 28

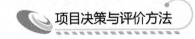
2.3 国民经济评价详解 ……………………………… 30

2.3.1 国民经济评价意义 ……………………………… 30

2.3.2 国民经济评价步骤 ……………………………… 31

2.3.3 经济评价指标 ………………………………… 32

2.4 经济决策 ………………………………………… 33

2.4.1 经济决策定义及原则 …………………………… 33

2.4.2 经济决策分类 ………………………………… 34

2.4.3 经济决策的主要内容 …………………………… 34

2.5 电力项目投资决策实证 …………………………… 36

2.5.1 电网合理投资规模 ……………………………… 36

2.5.2 投资方向决策 ………………………………… 38

2.5.3 投资项目决策 ………………………………… 39

2.6 项目运营模式决策实证 …………………………… 42

2.6.1 考虑主体特征的投资运营模式分析 ……………… 42

2.6.2 综合能源系统成本效益分析 …………………… 47

2.6.3 算例分析 ……………………………………… 62

第3章 投资风险量化分析及决策 …………………………… 85

3.1 投资风险概念 …………………………………… 87

3.1.1 投资风险的定义及内涵 ………………………… 87

3.1.2 风险管理过程 ………………………………… 88

3.2 投资风险分析方法 ……………………………… 89

3.2.1 投资风险识别方法 ……………………………… 89

3.2.2 投资风险评估方法 ……………………………… 92

3.2.3 投资风险评价方法 ……………………………… 98

3.2.4 投资风险应对方法 ……………………………… 100

3.3 投资风险实证 …………………………………… 102

3.3.1 电网投资风险概念 ……………………………… 102

3.3.2 系统动力学相关理论 …………………………… 103

3.3.3 系统动力学对电网投资风险研究的适用性 ………… 105

3.3.4　基于系统动力学的电网投资风险量化模型 …………… 106

3.3.5　电网投资风险量化模型实证分析 ……………………… 114

第4章　多准则项目决策方法 ………………………………… 125

4.1　多准则项目决策概念 ………………………………………… 127

4.2　多准则项目决策方法 ………………………………………… 128

4.2.1　多目标优化方法 ………………………………………… 128

4.2.2　多准则评价方法 ………………………………………… 132

4.3　多准则项目决策实证 ………………………………………… 142

4.3.1　境外电网项目投资多目标加权灰靶决策研究背景 …… 142

4.3.2　相关理论方法 …………………………………………… 143

4.3.3　境外电网项目投资决策评价指标体系 ……………… 145

4.3.4　境外电网投资项目多目标加权灰靶决策模型 ……… 155

第5章　基于仿真技术的决策方法 …………………………… 163

5.1　仿真技术 ……………………………………………………… 165

5.1.1　BIM 技术 ………………………………………………… 165

5.1.2　WindSim 软件介绍 …………………………………… 167

5.2　基于 BIM 技术的园区光伏发电系统仿真决策 ………… 169

5.2.1　园区项目概况 …………………………………………… 169

5.2.2　BIM 软件选择 …………………………………………… 169

5.2.3　BIM 设计流程 …………………………………………… 170

5.2.4　太阳能光伏板系统设计 ……………………………… 173

5.2.5　太阳能光伏板安置 …………………………………… 177

5.2.6　基于 BIM 的太阳能发电量预测 …………………… 180

5.3　基于 WindSim 仿真分析的风电场选址决策 …………… 186

5.3.1　风电场选址分类 ……………………………………… 186

5.3.2　基于 WindSim 仿真的指标分析 …………………… 187

5.3.3　构建风电场选址指标体系 …………………………… 191

5.3.4　风电场选址综合评价模型 …………………………… 192

5.3.5　实证分析 ……………………………………………… 203

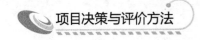

第6章 决策工具套件介绍 ･･････････････････････････ 223

6.1 不确定性分析决策工具 ･････････････････････････ 225

　6.1.1 RISK for Monte Carlo simulation ････････････ 225

　6.1.2 Crystal Ball ･･････････････････････････････ 226

6.2 决策树方法实现工具 ･･･････････････････････････ 229

　6.2.1 Precision Tree 适用于 Microsoft Excel 的决策树 ･･･････ 229

　6.2.2 TreeAge Pro 软件 ･････････････････････････ 230

6.3 灵敏度分析工具软件 ･･･････････････････････････ 230

　6.3.1 TopRank 用于 Excel 的自动灵敏度分析 ･････････ 230

　6.3.2 Vensim 软件用于敏感性分析 ･･･････････････････ 231

　6.3.3 Global Sensitivity Analysis Toolbox（GSAT）････････ 231

6.4 高级统计分析软件 ･････････････････････････････ 232

　6.4.1 StatTools 适用于 Excel 的高级统计分析 ･････････ 232

　6.4.2 SAS 统计软件 ･･･････････････････････････････ 232

　6.4.3 SPSS 统计软件 ･･････････････････････････････ 234

6.5 智能决策软件 ･････････････････････････････････ 235

　6.5.1 NeuralTools 适用于 Excel 的先进神经网络 ･･･････ 235

　6.5.2 TensorFlow ･･････････････････････････････････ 235

　6.5.3 NeuroSolutions for MATLAB 神经网络工具箱 ･･････ 235

6.6 优化决策软件工具 ･････････････････････････････ 236

　6.6.1 RiskOptimizer 软件 ･････････････････････････ 236

　6.6.2 Evolver 适用于 Microsoft Excel 的创新性遗传算法
　　　 最优化 ･････････････････････････････････････ 236

　6.6.3 WinQSB 软件 ･･･････････････････････････････ 236

　6.6.4 管理运筹学软件2.0 ･････････････････････････ 237

　6.6.5 LINGO 软件 ･･････････････････････････････････ 238

01

第 1 章

概　述

项目是为创造独特的产品、服务或成果而开展的临时性工作，有一个具体的目标，受时间、预算、资源等方面的约束，并在一定规范指导下完成。下面对项目建设的可能性、必要性、建设方案的适用性等进行分析。

1.1 项目决策概念

1.1.1 项目概念

项目是在一定时间内，为了达成特定的目标而调集到一起的资源组合，是为了取得特定的成果而开展的一系列活动，是为了完成某些特定目标的一次性任务。项目具有一次性、多目标性、不确定性、整体性、制约性、寿命周期性、唯一性等特征。

①一次性：一次性是项目与其他重复性运行或操作工作的最大区别。项目有明确的起点和终点，没有可以完全照搬的先例，也不会有完全相同的复制。项目的其他属性也是从这一主要特征衍生出来的。

②多目标性：项目是一个多目标的系统，不同目标可能在项目管理的不同阶段，由于需要不同，其重要性也不一样。例如，在项目的启动阶段，技术性能可能受到更多的关注，成本在实施阶段将会成为重点，而时间进度往往在验收时受到高度的重视。对于不同的项目，其关注的重点也不一样，如单纯的软件研发项目，将更多地关注技术指标和软件质量。

③不确定性：一是项目建设过程的不确定分析；二是项目经营、运作过程的不确定分析；三是市场的不确定分析。

④整体性：项目中的一切活动都是相关联的，构成了一个整体。多余的活动是不必要的，缺少某些活动必将损害项目目标的实现。

⑤制约性：项目的三重制约因素包括资金、原材料和能源、生产设备。其中，资金是制约项目规模的关键性条件。我国许多项目都存在规模过小和分散的特点，其中，重要的原因之一就是资金的缺乏和分散。这又在一定程度上影响了经济效益和资金的供应。原材料和能源的供应量，决定了拟建项目的规模。生产设备的标准化、通用化、系列化，是决定建设规模的条件之一。专用设备由于生产成本较高，不适用于大规模项目的建设。环境状况也会影响项目规模。一般地说，项目制约性环境状况好的地方，有利于大规模地进行生产建设，项目制约性有利于污染项目的自然清洁。项目的建设离不开人才，因而，当地人力资源条件也在一定程度上制约了建设规模的大小。

⑥寿命周期性：项目生命周期是一个项目从建立到完成所经过的所有阶段。所有项目都可分成若干阶段，且无论大小都有一个类似的生命周期结构。其最简单的形式由四个主要阶段构成：概念阶段、开发或定义阶段、执行（实施或开发）阶段和结束（试运行）阶段。阶段数量取决于项目复杂程度和所处行业，每个阶段还可再细分。

⑦唯一性：是指工程项目个体是唯一的，即项目规划、立项、设计、施工、竣工及运行是唯一的。

1.1.2　项目目标

1）项目目标概念

目标是决策的起点，目标不仅为决策指明了方向，也为行动方案选择提供了衡量标准。目标设置的准确性极大地影响了决策结论的正确性。

目标是对活动预期结果的主观设想，是在头脑中形成的一种主观意识形态，也是活动成果预期目标的具体化，为活动指明了方向。目标与目的的含义不同：目的是一种行为活动的普遍性、终极性的追求，较为概括和抽象；目标是一定时期内追求的最终成果，是某阶段宗旨和使命的具体化，因此目标要具体化、数字化、量化。目标有清晰的时间限制，目的则没有任何时间限制。目的可用定性方式描述，目标则一般需要进行定量描述。例如，目的是研制新一代战略洲际导弹，目标则包括导弹的射程、威力、精度、可靠性、能耗、研制进度、成本、可维修性和期望寿命等具体的数据。复杂的大系统，特别是社会经济系统，往往具有多个目标。

项目目标必须明确、可行、具体和可度量，并且在项目各利益相关方间达成一致。项目目标可以是业主管控的标准，也可以是承包商努力的方向。就项目而言，项目目标往往不是单一的，它通常是由项目的质量、投资（成本）、进度（工期）、安全和环境5个主要目标构成的一个目标系统，其中质量、投资（成本）、进度（工期）是项目的基本目标。

2）项目目标系统

项目目标系统实质上是对项目所要达到的最终状态的描述，就是把项目想要达成的总目标，分解成若干个更加容易实现的比较具体的小目标。任何项目实施前都必须建立明确的目标系统，进行精心论证、详细设计，并对目标系统进行协同优化，从而实现项目目标系统的整体优化。

项目目标系统至少由系统目标、子目标和可执行目标三个层次构成（见图1-1）。其中，第一层次是项目的系统目标，它用来阐明实施该项目的目的、意义和使命；第二层次是项目的子目标，由系统目标分解得到，

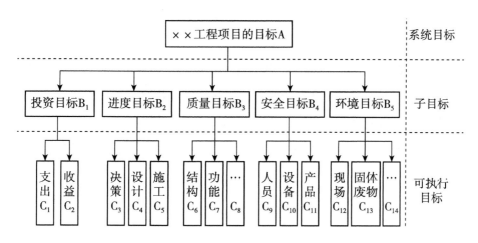

图 1-1　项目目标体系结构图

它仅适用于项目的某一方面，相当于目标系统中的子系统目标，表明实施该项目应达到的具体结果或边界条件对目标系统的约束；第三层次是将子目标再分解成可执行目标，它们指明了解决问题的具体目标和计划。可执行目标还可以分解为更细的目标因素，它们决定了项目目标的详细构成。目标因素一般在可行性研究、技术设计和计划中形成，并得到进一步解释和定量化，逐渐转化为具体的工作任务。

3）项目目标体系设计原则

①系统性原则。

②对象性原则。

③清晰性原则。

④量化性原则。

⑤适宜性原则。

⑥优化性原则。

⑦裕度性原则。

⑧创新性原则。

⑨可溯性原则。

4）SMART 设计原则

SMART 原则有利于员工更加明确高效地进行工作，也为管理者将来对员工实施绩效考核提供了考核目标和考核标准，使考核更加科学化、规范化，更能保证考核的公正、公开与公平。

①S 代表具体（Specific），指目标要切中项目的特定指标，不能笼统。

②M 代表可度量（Measurable），指目标是数量化或者行为化的，验证这些目标的数据或者信息是可以获得的。

③A 代表可实现（Attainable），指目标在付出努力的情况下可以实现，避免设立过高或过低的目标。

④R 代表相关性（Relevant），指各子目标与项目的总体目标是一致的。

⑤T 代表有时限（Time-bound），注重完成目标的特定期限。

5）项目的具体目标

项目的具体目标是指项目建设要达到的直接效果。不同性质的项目，具体目标也是不同的。具体目标主要有以下四个。

①效益目标。效益目标是指对项目要实现的经济效益、社会效益、环境效益、生态效益确定的目标值。对于经营性项目，即全现金流项目，其经济效益可以用财务净现值、财务内部收益率等指标进行表征。对于公共基础设施项目，其效益目标可以用满足客观需要的程度或提供服务的范围。对于环保类项目，其效益目标可以是环境治理的效果。

②规模目标。规模目标指对项目建设规模设定的目标值。如某输变电工程线路长 150km，变电容量为 300MVA。

③功能目标。功能目标指对项目功能的定位。例如，扩大生产规模，降低单位产品成本；向前延伸，生产所需原材料，降低产品成本和经营风险；向后延伸，延长产品生产链，提高产品附加值；利用先进技术设备，提高产品的技术含量和质量；进行技术改造，调整产品结构，开发适销对路产品；利用专利技术，开发高新技术产品；拓宽投资领域，分散经营风险等。

④市场目标。一般是指采用某些推广措施想要达成的目标。

1.1.3 项目决策

1）项目决策定义

项目决策是指投资者按照自己的意图，在调查分析、研究的基础上，对投资规模、投资方向、投资结构、投资分配以及投资项目的选择和布局等方面进行技术、经济分析，决断投资项目是否必要和可行的一种选择。

一个建设项目从投资意向开始到投资终结的全过程，大体分为四个阶段，即项目的策划和决策阶段、项目实施前的准备工作阶段、项目实施阶段、项目建成和总结阶段。项目的策划和决策阶段中任何一项决策的失误，都有可能导致投资项目的失败，而且在激烈的市场竞争条件下，任何选择都有一定的风险。因此，项目策划和决策阶段的工作是投资项目的首

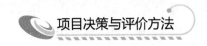
要环节和重要方面，对投资项目获得预期的经济、社会效益起着关键作用。

2）项目决策分类

项目决策有诸多分类方法：根据项目阶段不同，可分为投资决策、融资决策、营销决策等；根据参与决策的项目数量不同，可分为单目标决策和多目标决策；根据决策问题面临的条件不同，可分为确定型决策、风险型决策和不确定型决策。

3）项目决策原则

①市场和效益原则。

②科学决策原则：决策方法科学；决策依据充分；数据资料可靠。

③民主决策原则：独立咨询机构参与；专家论证；公众参与。

④风险责任原则。

⑤可持续发展原则。

1.2 项目评价方法

1.2.1 评价的概念

评价的含义是：第一，评价的过程可以理解为对评价对象的判断过程；第二，评价的过程是通过综合计算、观察和咨询等方法进行的复合分析过程，即评价是指依据设定的评价目的，确定评价对象的属性（指标），并对这这些属性进行客观定量计算或主观效用测评。评价在这里及下文特指多属性对象的综合评价。

综上，评价是指评价主体对评价对象的全方位分析，依据制订的评价标准对评价对象各个功能属性进行量化和非量化的测量，最终综合各方面信息得出一个可靠并且符合逻辑的结论的过程。

评价是科学决策的前提，是科学决策中一项基本性工作。

一般来说，评价包含以下七个要素。

1）评价目的

评价目的通常是指评价主体根据自身的需要，借助意识、观念的中介作用，预先设想的评价目标和结果。

2）被评价对象

全面了解所要评价的对象，是开展评价工作的基础和前提。在开展评价工作之前，评价人员首先要清楚评价的对象是什么，评价对象的特点是什么，针对评价对象所要分析的内容有哪些，由于评价方法涉及的种类很多，评价标准和体系涵盖的领域也是多种多样，因此，在开展评价工作、学习掌握评价方法时，就要因时制宜、因地制宜，不能墨守成规、僵化地应用评价方法，要根据评价主体及评价内容的组合进行科学的划分。

3）评价主体

评价主体是指主导评价活动的人、组织或机构。不同的评价主体，在评价的内容与方法的选取上，有不同的角度与侧重点。因此，现实中为了保证评价的客观性与公正性，常常采取多元参与的方式来确定评价主体，从而进行综合性评价。

4）评价指标

评价指标是指表征评价对象各方面特性及其相互联系的有机因子。评价指标的选取一定要符合下列三大原则。

①系统性原则。评价指标选取时一定要符合相应的逻辑关系，它们不但能从不同的角度反映评价对象的主要特征和状态，而且能够反映评价对象各个特征之间的内在联系。争取做到各指标之间既相互独立又彼此联系，共同构成一个有机统一体。从宏观到微观层层深入，从而形成一个不可分割的评价体系。

②代表性原则。评价指标选取时一定要具有相应的代表性，尽可能准确反映出评价对象的综合特征，指标选取不能过多、过密，以免使评价过程烦琐；也不能过少、过简，否则，如果评价对象的信息出现遗漏，就会使得评价结论出现错误的结果。即，在不增加评价指标数量的情况下，争取做到数据易获取且计算方法简捷明了。

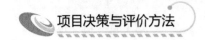
③实用性原则。评价指标选取时要特别注意在总体范围内的一致性，即指标选取的维度与度量必须一致，且各个指标应该具有很强的现实可操作性和可比性，以便于进行数学计算和分析。

5）权重系数

在数学上，为了显示若干量数在总量中的重要程度，分别给予不同的比例系数，这就是加权，加权的指派系数就是权重。根据统计学原理，将某事物所含各个指标权重之和视为 1（即 100%），而其中每个指标的权重则用小数表示，称之为权重系数。

权重系数是表示某一项指标在指标系统中的重要程度，权重系数的大小与目标的重要程度有关。

6）评价模型

评价模型是包含评价指标体系与评价方法的有机整体，在构建评价模型时，不仅要考虑评价指标体系是否得当，还要考虑选取的评价方法是否与评价指标体系相适应，只有两者紧密联系、环环紧扣，才能使评价模型充分发挥科学诠释评价过程、合理揭示评价结果的作用。科学合理地建立评价模型，对于评价过程有着至关重要的作用。

7）评价结果

俗话说"盖棺定论"，作为评价体系的最后一环，评价结果本身不仅包括对评价本身的结论，而且要有对相类似事件具有预测与评估的作用。

1.2.2　评价作用

评价一般具有诊断、激励、导向、监控、比较等作用。

1）诊断

诊断作用通过事前评价来实现，一般是在某项活动开始之前，为使计划更有效地实施而进行的评价。

2）激励

评价与奖惩相结合，使得评价具有了激励作用。例如，国家电网公司开展的同业对标评价工作，若各参评单位相应指标处于 A 段，则对其今后的工作有很强的激励作用。

3）导向

评价指标的选取、权重的设置，对于参评单位如何开展工作、提升综合评价得分有显而易见的导向作用。

4）监控

评价能够实现对评价对象的监控。通过过程性评价可实现对其过程的实时监控，通过终结性评价可实现对其最终结果的评价。

5）比较

评价的最基本作用是比较，通过评价可以实现对多个评价对象的排名比较、评级等，达到对评价对象区分优劣的目的。

1.2.3 项目决策与评价的关系

评价就是对方案进行优劣分析，一个方案可能这点好，但那一点有些不足，而另一个方案刚好相反。决策就是结合自己的需要和条件，从中选择一个方案来执行。

1.3 本书主要内容

第一章介绍项目决策概念、项目评价方法及其相互关系。第二章介绍经济分析概念、财务评价详解、国民经济评价详解及经济决策的具体内容，结合电力项目投资决策、项目运营模式决策的相关理论方法进行实证应用。第三章介绍投资风险定义及内涵、管理过程，对投资风险识别方法、评估方法、评价方法以及应对方法进行了阐述，进行了电网投资风险量化评价实证。第四章介绍了多准则项目决策方法，并以境外电网项目投资为例进行实证。第五章介绍了 BIM、WindSim 等仿真软件，并分别以园区光伏发电系统仿真决策、风电场选址决策为例对仿真模型在项目决策中的应用进行了实证。第六章介绍了决策工具套件。

02

第 2 章
项目经济评价与决策

2.1 经济分析概念

2.1.1 经济分析定义

经济分析是指以各种经济理论为基础，以各项基本资料为依据，运用各种指标和模式，对一定时期的经济动态及其产生的效果进行分析研究，从中找出规律，并指出发展方向的研究活动。经济分析可按分析对象的范围分为宏观分析和微观分析。项目的经济评价包括财务评价和国民经济评价。

1) 财务评价

建设项目财务分析是工程经济分析的重要组成部分，又称财务评价或企业经济评价。财务分析是在国家现行会计制度、税收法规和价格体系下，从企业（项目）角度出发，分析测算项目范围内直接发生的财务效益和费用，编制财务评价报表，计算财务评价指标，考查拟建项目的获利能力、清偿能力和财务生存能力，据此判断项目的财务可行性，明确项目对财务主体及对投资者的价值贡献，为投资决策、融资决策以及银行审贷提供依据。财务分析既是经济分析的重要内容，又为国民经济评价打下了调整计算的基础，是项目决策科学化的重要手段。在前期工作阶段，无论机会研究、项目建议书、初步可行性研究，还是详细可行性研究，财务分析都是其中的重要组成部分。

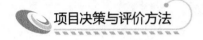

2）国民经济评价

项目国民经济评价是按照资源合理配置的原则，从国家整体角度考察项目的效益和费用，通过计算项目对国民经济的净贡献，评价项目的经济合理性。

项目国民经济评价是把工程项目摆在国民经济这个大系统中来分析项目从国民经济中所吸取的投入，以及项目产出对国民经济这个大系统的经济目标的影响，从而选择对国民经济目标最有利的项目或方案，使全社会可用于投资的有限资源得到合理配置和有效利用，使国民经济得以持续稳定地发展。

2.1.2 经济评价基本原则

1）"有无对比"原则

"有无对比"就是求出项目的增量效益，排除了项目实施以前各种条件的影响，突出项目活动的效果。在"有项目"与"无项目"两种情况下，效益和费用的计算范围、计算期应保持一致，且具有可比性。

2）效益与费用计算口径对应一致的原则

将效益与费用限定在同一范围内，才有可能进行比较，计算的净效益才是项目投入的真实回报。

3）收益与风险权衡的原则

投资人关心的是效益指标，但是，对于可给项目带来风险的因素考虑得不全面，对风险可能造成的损失估计不足，结果往往使得项目失败。收益与风险权衡的原则提示投资者在进行投资决策时，不仅要看到效益，也要关注风险，权衡得失利弊后再进行决策。

4）定量分析与定性分析相结合，以定量分析为主的原则

通过效益与费用的计算，对项目经济效益进行分析和比较。一般来说，项目经济评价要求尽量采用定量指标，但对一些不能量化的经济因素，不能直接进行数量分析，而要进行定性分析，并与定量分析结合起来进行评价。

5）动态分析与静态分析相结合，以动态分析为主的原则

动态分析是指在考虑资金的时间价值的情况下，对现金流量进行分

析。静态分析是指在不考虑资金的时间价值的情况下，对现金流量进行分析。项目经济评价的核心是动态分析，静态指标与一般的财务和经济指标内涵基本相同，比较直观，但只能作为辅助指标。

2.1.3　财务评价与国民经济评价的区别

1）出发点和目的不同

财务分析是站在企业或投资人立场上，从利益角度分析项目的财务收益和成本；经济分析是从国家或地区的角度分析项目对整个国民经济乃至整个社会所产生的收益和成本。

2）费用和效益的组成不同

财务分析中，货币收支视为企业或投资者的费用和效益；经济分析中，项目的投入或产出为国民经济做出贡献时，被看作收益或成本。

3）对象不同

财务分析的对象是收益和成本；经济分析的对象是国民收入增值情况。

4）衡量费用和收益的价格尺度不同

财务分析是衡量项目的实际货币效果，应根据预测的市场交易价格去计量；经济分析是衡量对国民经济的贡献，采用体现资源合理配置的影子价格去计量。

5）内容和方法不同

财务分析是企业成本和效益的分析方法；经济分析是费用和效益分析、成本与效益分析和多目标综合分析。

6）评价标准和参数不同

财务分析采用净现值、净利润和利率；经济分析采用净收益、经济净现值、社会折现率。

7）时效性不同

财务分析随国家财务制度的变更而变化；经济分析按照经济原则进行评价。

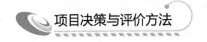

2.2 财务评价详解

2.2.1 财务评价意义

财务分析是根据国家现行财税制度和价格体系，分析、计算项目直接产生的财务效益和费用，编制有关报表，计算评价指标，考察项目的基本生存能力、盈利能力、偿债能力等财务状况，判别项目的财务可行性，明确项目对财务主体的价值贡献，为投资者的投资决策提供依据。

1）衡量经营性项目的盈利能力和清偿能力

我国实行企业（项目）法人责任制后，企业法人要对建设项目的筹划、筹资、建设直至生产经营、归还贷款或债券本息以及资产的保值、增值实行全过程负责，承担投资风险。除需要国家安排资金和外部条件需要统筹安排的，应按规定报批外，凡符合国家产业政策、由企业投资的经营性项目，其可行性研究报告和初步设计，均由企业法人自主决策。因决策失误或管理不善造成企业法人无力偿还债务的，银行有权依据合同取得抵押资产或由担保人负责偿还债务。因此，企业所有者和经营者对以下内容十分关心：项目盈利水平如何，能否达到行业的基准收益率或企业目标收益率；项目清偿能力如何，是否低于行业基准回收期；是否按银行要求的期限偿还贷款等。国家和地方各级决策部门、财务和贷款部门（如银行）对此也非常关心。为了使项目在财务上站得住脚，有必要进行项目财务分析。

2）衡量非经营性项目的财务生存能力

对于非经营性项目，如公益性项目和基础性项目，在经过有关部门批准的情况下，可以实行还本付息价格或微利价格。在这类项目决策中，为了权衡项目在多大程度上主要由国家或地方财政给予必要的支持（例如，进行政策性补贴或实行减免税等经济优惠措施），同样需要进行财务计算和评价。由于基础性项目大部分属于政策性投融资范围，主要由政府通过经济实体进行投资，并吸引地方、企业参与投资，有的也可吸引外商直接投资，因而这类项目的投融资既要注重社会效益，也要遵循市场规律，讲求经济效益。

3）合营项目谈判签约的重要依据

合同条款是中外合资项目和合作项目中双方合作的首要前提，而合同的正式签订离不开经济效益分析，实际上，合同条款的谈判过程就是财务评价的测算过程。

4）项目资金规划的重要依据

建设项目的投资规模、资金的可能来源、用款计划的安排和筹资方案的选择，都是财务评价要解决的问题。为了保证项目所需资金按时提供（资金到位），投资者（国家、地方、企业和其他投资者），项目经营者和贷款部门也都要知道拟建项目的投资金额，并据此制订资金计划和国家预算。

2.2.2　财务评价指标体系的构成

财务评价指标是开展财务评价的关键，随着国内外学者研究以及投资决策实践工作的不断深入，指标体系逐步完善，按照作用、经济性质以及是否考虑时间价值等不同属性进行分类，主要指标及其分类如图 2 - 1 所示。本书对财务指标的作用进行了介绍。

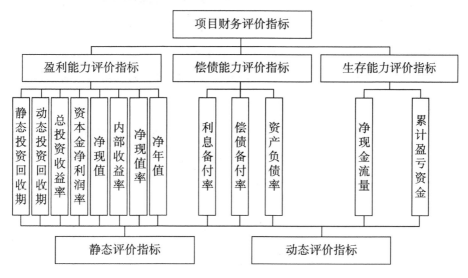

图 2 - 1　财务评价指标体系

2.2.3 盈利能力评价指标

财务盈利能力分析是财务评价的主要内容，它分析项目的投资能否从项目的收益中回收并获得一定的利润，是在财务现金流量表和利润与利润分配表的基础上计算内部收益率、财务净现值、投资回收期等指标，以得出项目盈利能力的评价。财务盈利能力分析采用的主要评价指标如图2-2所示。

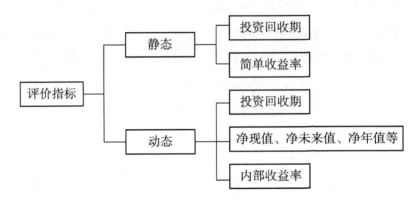

图 2-2 主要财务评价指标

工程项目的盈利能力，主要通过计算项目投资的静态和动态投资回收期，以及项目的内部收益率等指标进行衡量。在同等条件下，盈利能力越强的项目，其投资回收期越短，内部收益率就会越高。此外，简单收益率、净现值、净未来值、净年值也是衡量项目盈利能力的重要指标。

1）总投资收益率（ROI）

总投资收益率表示全部投资的盈利水平，是指项目达到设计能力后，正常年份的年息税前利润（或运营期内年平均息税前利润）与项目总投资的比率，计算公式为：

$$总投资收益率 = \frac{年息税前利润}{项目总投资} \times 100\% \qquad (2-1)$$

总投资收益率高于或等于设定的基准总投资收益率，表明项目盈利能力能够满足要求。

2）权益投资收益率（ROE）

权益投资收益率表示权益投资的盈利水平，是指项目达到设计能力后，正常年份的年净利润（或运营期内的年平均净利润）与权益资金的比率，计算公式为：

$$权益投资收益率 = \frac{年净利润}{权益资金} \times 100\% \qquad (2-2)$$

权益投资收益率高于或等于同行业的净资产收益率（权益净利率）参考值或设定的基准权益投资收益率，表明项目的盈利能力能够满足要求。

表 2-1　利润与利润分配表

序号	项目	计算期							
		1	2	3	4	5	6	…	n
1	营业收入								
2	营业税金及附加								
3	总成本费用								
4	补贴收入								
5	利润总额（1-2-3+4）								
6	弥补以前年度亏损								
7	应纳税所得额（5-6）								
8	所得税								
9	净利润（5-8）								
10	期初未分配利润								
11	可供分配的利润（9+10）								
12	提取法定盈余公积金（按净利润提）								
13	可供投资者分配利润（11-12）								
14	应付优先股股利								
15	提取任意盈余公积金								
16	应付普通股股利（13-14-15）								
17	各投资方利润分配								
18	未分配利润（13-14-15-17）								
19	息税前利润（利润总额+利息支出）								
20	息税折旧摊销前利润（息税前利润+折旧+摊销）								

计算指标：
投资收益率
资本金净利润率

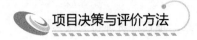

3）经济增加值

经济增加值（Economic Value Added，EVA）是特定年度税后净营业利润（NOPAT）与当年税后资本成本之间的差额。这种方法得到了越来越多的关注与运用。简要地说，经济增加值的另一种表述是"资本回报与资本成本之间的差额"，我们将每年的经济增加值定义为：

$$(EVA)k = （税后净营业利润）k - （产生利润的资本成本）k$$

$$= NOPAT_k - i \times BV_{k-1} \qquad (2-3)$$

其中：k 为年度序列（$1 \leqslant k \leqslant N$）；

$\quad\quad i$ 为加权平均资本成本；

$\quad\quad BV_{k-1}$ 为期初账面价值；

$\quad\quad N$ 为研究期。

EVA 即经济利润，是在减除资本占用费用后企业经营所产生的剩余价值。

（1）从报表中计算 EVA

EVA = 税后净营业利润　　　－　　　　资本成本

　　　　　　↑　　　　　　　　　　　　　↑

损益表　　　　　　　　　　　资产负债表

收入　　　　　　　　　　　调整后资本

成本　　　　　　　　　　$WACC$（加权平均资本成本率）

EVA 调整　　　　　　　　= 资本成本

所得税

= $NOPAT$（税后净营业利润）

（2）用于财务分析的 EVA

EVA =（资本回报率 - 资本成本率）×资本 = EVA 率×资本　　（2-4）

　　　　↑

销售利润率×资本周转率

（3）*EVA* 计算简化示意图

损益表科目：　　销售收入　　　　　　　　　　1 000

　　　　　　　　生产成本　　　　　　　　　　500

　　　　　　　　销售/管理费用*　　　　　　　200

　　　　　　　　EVA 调整　　　　　　　　　+100

　　　　　　　　营运所得税　　　　　　　　　100

　　　　　　　　＝*NOPAT*（税后净营业利润）　300

资产负债表科目：　调整后资本　　　　　　　　1 500

　　　　　　　　　资本成本率　　　　　　　　15%

　　　　　　　　　＝资本费用　　　　　　　　225

　　NOPAT – 资本费用＝*EVA*　　　　　　　　75

4）投资回收期

投资回收期（Payback Period）又称投资返本期，指从项目投建之日起，用项目各年的净收入（年收入减年支出）将全部投资回收所需要的期限，其单位通常用"年"表示。投资回收期的起点一般应从项目投资建设之日算起，有时也从投产之日或贷款之日算起，但应予以注明。

（1）静态投资回收期（Static Payback Period）

静态投资回收期是指在不考虑资金时间价值的条件下，以项目投入运营后的净现金流量回收项目总投资所需的时间。

静态投资回收期，可以用如下通式表示：

$$\sum_{t=0}^{T_p} (CI - CO)_t = 0 \qquad\qquad (2-5)$$

式中：CI_t 为第 t 年的现金流入额；

　　　CO_t 为第 t 年的现金流出额；

　　　NCF_t 为第 t 年的净现金流量，$NCF = (CI - CO)_t$；

　　　T_p 为静态投资回收期。

（2）动态投资回收期

为了克服静态投资回收期未考虑资金时间价值的缺点，在投资项目评价中有时采用动态投资回收期。

动态投资回收期 T'_P 是能使下式成立的值（单位：年）。

$$\sum_{t=0}^{T_P} (CI - CO)_t (1 + i_0)^{-t} = 0 \qquad (2-6)$$

$$C_0 + C_1 (1 + i_0)^{-1} + C_2 (1 + i_0)^{-2} + C_3 (1 + i_0)^{-3} + \cdots +$$
$$C_{T'_P} (1 + i_0)^{-T_P} = 0 \qquad (2-7)$$

式中：T'_P 为动态投资回收期；

CI_t 为第 t 年的现金流入额；

CO_t 为第 t 年的现金流出额；

i_0 为基准折现率。

$$C_t = CI_t - CO_t$$

5）净现值

净现值（Net Present Value，NPV），是反映投资方案在计算期内获利能力的动态评价指标。投资方案的净现值是指用一个预定的基准收益率，分别把整个计算期内各时点所发生的净现金流量都折现到建设期初的现值之和。

$$NPV = \sum_{t=0}^{n} (CI - CO)_t (1 + i_0)^{-t} \qquad (2-8)$$

或

$$NPV = \sum_{t=0}^{n} (CI - K - CO')_t (1 + i_0)^{-t} \qquad (2-9)$$

式中：NPV 为净现值；

CI_t 为第 t 年的现金流入额；

CO_t 为第 t 年的现金流出额；

n 为项目寿命年限（或计算期）；

i_0 为基准折现率；

K_t 为第 t 年的投资支出额；

CO'_t 为第 t 年除投资支出以外的现金流出额，即 $CO'_t = K_t + CO_t$。

6）内部收益率

内部收益率（Internal Rate of Return，IRR）又称内部（含）报酬率。

在所有的经济评价指标中，内部收益率是重要的评价指标之一，它是对项目进行盈利能力分析时采用的主要方法。内部收益率是效率型指标，它的经济含义就是使未回收投资额及其利息恰好在项目计算期末完全回收的一种利率。

$$\sum_{t=0}^{n} (CI - CO)_t (1 + IRR)^{-t} = 0 \qquad (2-10)$$

由上述概念及计算式可以看出，内部收益率法实质上是基于现值计算方法的，符号解释同上。

$$IRR = i_m + \frac{|NPV(i_m)|}{|NPV(i_m)| + |NPV(i_n)|} \times (i_n - i_m) \qquad (2-11)$$

表 2-2　项目投资现金流量表

序号	项目	计算期							
		1	2	3	4	5	6	…	n
1	现金流入								
1.1	营业收入								
1.2	补贴收入								
1.3	回收固定资产余值								
1.4	回收流动资金								
2	现金流出								
2.1	建设投资								
2.2	流动资金								
2.3	经营成本								
2.4	营业税金及附加								
3	所得税前净现金流（1-2）								
4	调整所得税								
5	所得税后净现金流（3-4）								

计算指标：
项目投资财务内部收益率（所得税前）　　项目投资财务内部收益率（所得税后）
项目投资财务净现值（所得税前）　　　　项目投资财务净现值（所得税后）
项目投资回收期（所得税前）　　　　　　项目投资回收期（所得税后）

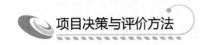

投资财务现金流量表是从所有出资者角度出发的现金流出和现金流入的汇总，总投资包括直接投资者出资的部分，也包括间接投资者，如债权人出资的贷款。表2-2把用于投资的债务资金也看作现金流出，把利息和借款的偿还看作投资的回收，由此来考察项目本身所具有的财务作用。

2.2.4 偿债能力评价指标

项目投资的清偿能力指的是根据资产负债表和借款偿还计划表计算的指标来反映偿还项目借贷的能力。项目投资的资金来源可能是银行等多方的借贷，项目的清偿能力分析可以帮助我们较好地掌握项目的资金运转情况，是项目融资后分析的重要内容，是项目融资主体和债权人共同关心的指标。

1）流动比率

$$流动比率 = \frac{流动资产总额}{流动负债总额} = \frac{流动资产 + 盈余资金}{流动负债 + 短期借款} \quad (2-12)$$

该指标可以反映项目偿付流动负债的能力。流动比率表明企业能在短期内将资产转化成现金，是对需要在短期内偿还负债的一种保障程度。流动比率越高，债权人的安全率越高。若流动比率较低，则企业缺乏短期偿债能力。若流动比例较高，则短期偿债能力较强，负债利用不足，流动资产闲置。一般流动比率为 1.2~2.0 较合适，具体视行业的特点、项目流动资产的构成、流动负债的性质而定。由于流动资产中含有存货，在短期内不易变现，有必要补充第二个指标。

2）速动比率

$$速动比率 = \frac{流动资产总额 - 存货}{流动负债总额} = \frac{流动资产 - 存货 + 盈余资金}{流动负债 + 短期借款}$$

$$(2-13)$$

该指标可以反映项目快速偿付流动负债的能力。速动比率是企业各个时刻用可以立即变现的货币资金偿付流动负债的指标。

速动比率越高，在短时间内偿还短期负债的能力越强。

3）资产负债率

$$资产负债率 = \frac{负债总额}{资产总额} \qquad (2-14)$$

该指标可以反映项目在各时间点上的负债程度及综合偿还债务的能力。

资产负债率表现了在资产总额中有多少资产是通过借债而得的，反映了企业的总体偿债能力，衡量了企业在破产清算时保护债权人利益的程度。这一比率越低，则偿债能力越强。

4）借款偿还期

借款偿还期是指以项目投产后获得的可用于还本付息的资金还清借款本息所需的时间，一般以年为单位表示。

借款偿还期 =［借款偿还后开始出现盈余年份数］– 开始借款年份 +

　　　　　　［当年偿还借款额/当年可用于还款的资金额］　（2–15）

借款偿还期指标旨在计算最大偿还能力，适用于尽快还款的项目，不适用于已约定借款偿还期限的项目。对于已约定借款偿还期限的项目，应采用利息备付率和偿债备付率指标分析项目的偿债能力。

5）利息备付率

利息备付率是指项目在借款偿还期内，各年可用于支付利息的税息前利润与当期应付利息的比值，公式如下：

$$利息备付率 = \frac{税息前利润}{当期应付利息} \qquad (2-16)$$

其中，税息前利润 = 利润总额 + 计入总成本费用的利息

当期应付利息是指计入总成本费用的全部利息。

利息备付率可以按年计算，也可以按整个借款期计算。利息备付率表示项目的利润是利息支付的倍数，显示了项目偿付利息的能力。利息备付率应当大于2，否则，表示付息能力保障程度不足。

6）偿债备付率

偿债备付率是指项目在借款偿还期内，各年可用于还本付息的资金与当期应还本付息的金额的比值，公式如下：

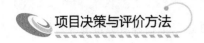

$$偿债备付率 = \frac{可用于还本付息的资金}{当期应还本付息的金额} \qquad (2-17)$$

偿债备付率可以按年计算，也可以按整个借款期计算。偿债备付率表示可用于还本付息的资金作为偿还借款本息保证的倍率。偿债备付率在正常情况应当大于 1。当指标小于 1 时，表示当年资金来源不足以偿付当期债务，需要通过短期借款偿付已到期债务。

2.2.5　财务基本生存能力评价指标

财务基本生存能力分析是通过考察项目计算期内各年的投资活动、融资活动和经营活动所产生的各项现金流入和流出，针对项目在实施和运行期间是否有足够的净现金流量以维持正常生产运营而进行的一种分析，以满足项目实施与运转的需要，保证项目寿命期内资金运行的可行性。

财务基本生存能力分析需要编制财务计划现金流量表。表 2－3 反映了项目计算期内各年的资金盈余或短缺情况，用于选择资金筹措方案，制订适宜的借款及偿还计划，并为编制资产负债表提供依据。财务计划现金流量表由"经营活动净现金流量""投资活动净现金流量""融资活动净现金流量""净现金流量"和"累计盈余资金"五项构成。

财务计划现金流量表给出的盈余资金表示当年现金流入多于现金流出的数额。当盈余资金为负值时，表示该年资金的短缺数。在建设期，盈余资金（短缺）表示当年投资者的出资额加上借款或其他债务来源多于（少于）投资的数额。作为资金的平衡，并不需要每年的盈余资金不出现负值，而要求从投资开始至各年累计的盈余资金大于 0。即，项目具有财务基本生存能力的要求是：各年的"累计盈余资金"大于等于 0。

这就是要求投资项目在进行过程中的任何时刻都有够用的"钱"，否则，项目将无法进行下去。当在某一时刻累计盈余资金小于 0 时，通常采取的措施是借短期贷款以补当期现金流入的不足。但是，如果某一期或数期资金缺口较大，需借贷的短期贷款数额大，银行往往要重新考虑对该项目贷款的可能性，甚至拒绝大笔的短期借款。当这种情况发生时，项目的投资者就要另筹资金，或增加权益资金投入，或延缓（减少）利润分配，或设法与债务人协商延缓还款时间。当这些措施都无效时，即便是投资盈利能力很好，也要重新考虑投资项目的可行性，或者修改项目计划，或者重新制订项目方案甚至放弃项目的投资。

表 2 - 3 财务计划现金流量表

序号	项目	计算期					
		1	2	3	4	…	n
1	经营活动净现金流 (1.1 - 1.2)						
1.1	现金流入						
1.1.1	营业收入						
1.1.2	增值税销项税额						
1.1.3	补贴收入						
1.2	现金流出						
1.2.1	经营成本						
1.2.2	增值税进项税额						
1.2.3	营业税及附加						
1.2.4	增值税						
1.2.5	所得税						
2	投资活动净现金流 (2.1 - 2.2)						
2.1	现金流入						
2.2	现金流出						
2.2.1	建设投资						
2.2.2	流动资金						
3	融资活动净现金流 (3.1 - 3.2)						
3.1	现金流入						
3.1.1	项目资本金						
3.1.2	建设投资借款						
3.1.3	流动资金借款						
3.1.4	债券						
3.1.5	短期借款						

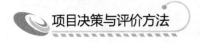

序号	项目	计算期					
		1	2	3	4	…	n
3.2	现金流出						
3.2.1	各种利息支付						
3.2.2	借款本金偿还						
3.2.3	应付利润（股利分配）						
4	净现金流量（1＋2＋3）						
5	累计盈余资金						

2.3　国民经济评价详解

2.3.1　国民经济评价意义

　　财务评价只能反映建设项目给企业带来的直接效果，当市场无法正常运作即出现市场失灵的情况时，财务评价的结果往往不能真实反映工程项目的全部利弊和得失，必须通过费用效益分析对财务评价中失真的结果进行修正。

　　目前，在项目可行性研究和项目决策中，比较普遍地存在着单纯地以财务评价指标研究和决策项目，而不考虑项目国民经济评价效果的倾向。如果单纯用财务效益好坏来决策项目，就可能推动对一些稀有资源、不可再生资源等进行无限制的、无计划的掠夺式开采项目的建设，对一些造成公害、破坏环境的项目建设在财务合理性方面开了绿灯。如果这些项目建成投产，将给社会的物质文明和精神文明造成不可估量的损失。

　　同时，一些社会公益建设项目，如建学校、图书馆、医院、城市供水、农田水利建设、江河治理等方面的财务评价指标均比较低，有些项目甚至根本没有偿付贷款的能力。如果单纯地用财务指标来衡量这些项目，这些项目在财务合理性方面就不具备批准条件。以上所列项目都是关系国计民生、社会效益较好的项目，这些项目不能只因为其财务评价指标不好就不批准建设。

一个项目建设的根本目的是以投入较少的社会资源来获得尽可能多的产品，以满足人们的需要。所以，从创造社会所需要的产品和资源消耗的角度看，项目具有双重性，这就是说一个建设项目在为社会提供产品的同时，又在不断地消耗着社会资源，而不消耗社会资源又能创造社会所需产品的建设项目是不存在的。这样就给我们提出了新的问题：面对客观世界资源的日益减少，如何利用现代高度发达的科学技术，实现"一物多用"或"多物一用"，充分发挥资源的互代性和互补性，达到用最少的资源创造最大的价值的目的。简单地说，就是利用一部分有限的资源去创造什么会获得最大效益的问题。

财务评价的范围限制了项目本身；财务评价所使用的价格是现行价格，反映不了真实的价值；财务评价受现行财税制度、通货膨胀等因素的制约，因而评价指标参数不可能是资源客观效果的真实反映。项目国民经济评价恰恰可以弥补以上三方面财务评价的不足——扩大了评价范围，采用了影子价格，剔除了对资源增减无影响的转移支付。项目国民经济评价提出了科学的、实用的解决办法，由此确立了其在资源最优配置方面的决策地位，也可以说在项目决策中的决策地位。

2.3.2　国民经济评价步骤

1）在财务分析基础上进行国民经济评价的步骤（图 2 − 3）

①效益和费用范围的调整；

②效益和费用数值的调整；

③编制项目投资经济费用效益流量表；

④计算经济内部收益率和经济净现值指标。

图 2 − 3　国民经济评价步骤（基于财务分析基础）

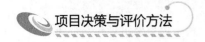
2）直接做国民经济评价的步骤（图2-4）

①识别和计算项目的直接效益；

②进行项目的投资估算；

③流动资金估算；

④计算经营费用；

⑤识别项目的间接效益和间接费用；

⑥编制有关报表，计算相应的评价指标。

图2-4　国民经济评价步骤

2.3.3　经济评价指标

1）**经济内部收益率**（Economic Internal Rate of Return，EIRR）

经济内部收益率是反映项目对国民经济净贡献的相对指标。它是项目在计算期内各年经济净效益流量的现值累计等于零时的折现率。其表达式为：

$$\sum_{t=1}^{n} (B - C)_t (1 + EIRR)^{-t} = 0 \qquad (2-18)$$

式中：B 为国民经济效益流量；

$\quad\quad C$ 为国民经济费用流量；

$\quad\quad (B - C)_t$ 为第 t 年的国民经济净效益流量；

$\quad\quad n$ 为计算期。

评价准则：$EIRR \geqslant$ 社会折现率，可行；反之，不可行。

2）**经济净现值**（Economic Net Present Value，ENPV）

经济净现值是反映项目对国民经济净贡献值的绝对指标。它是指用社会折现率将项目计算期内各年的净效益流量折算到建设期初的现值之和。

其表达式为：

$$ENPV = \sum_{t=1}^{n} (B - C)_t (1 + i_s)^{-t} = 0 \qquad (2-19)$$

式中：B 为国民经济效益流量；

　　　C 为国民经济费用流量；

　　　$(B - C)_t$ 为第 t 年的国民经济净效益流量；

　　　i_s 为社会折现率；

　　　n 为计算期。

评价准则：$ENPV \geq 0$，可行；反之，不可行。

2.4　经济决策

2.4.1　经济决策定义及原则

经济决策是以经济理论为基础，以过去和现在的各种信息为依据，在定性分析和定量分析的基础上，结合既定目标，对研究对象的运行方向和变化程度做出决定，并在这一决定实施过程中通过反馈不断加以调整的过程。经济决策遵循一般原则和特殊原则。

经济决策的一般原则包括最优化原则、系统原则、信息准确原则、可行性原则、集体决策原则。

1）最优化原则

以最小的物质消耗取得最大的经济效益，以最低的成本取得最高的产量、最大的市场份额和最大的利润等。由于环境的变化，许多问题不存在最优解，或者不能求出最优解，只能采取人们所能接受的、满意的标准，即"满意原则"。

2）系统原则

应用系统工程的理论与方法，以系统的总体目标为核心，以满足系统优化要求为准绳，强调系统配套、系统完整和系统平衡，从整个系统出发

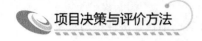

权衡利弊，进行取舍。

3）信息准确原则

信息准确原则是指信息的准确性、完整性。

完整信息：在当前客观条件下可以获取的所有信息。

经济决策前，信息是提供决策的依据和材料；经济决策后，通过信息反馈对决策实施情况进行监控和调整。

4）可行性原则

决策者选择的方案在技术上、资源上必须可行，否则就不能实现预定的经济目标，对于不同的决策目标，其可行性研究内容也有所不同。

5）集体决策原则

集体决策是依靠和运用智囊团，对要决策的经济问题进行系统的调查研究，弄清历史和现状，掌握第一手资料，然后通过方案论证和综合评估，对比择优，提出切实可行的方案以供决策者参考。

2.4.2　经济决策分类

经济决策可分为宏观经济决策与微观经济决策。

1）宏观经济决策

宏观经济决策是指以一个国家的国民经济、行业或部门经济以及地区经济的发展为决策目标，设计和选择最优方案的决策。

2）微观经济决策

微观经济决策是指以一个企业、一个基层单位的经济发展为目标，制订和选择最佳经营管理方案的决策。

宏观经济决策以微观经济决策为构成要素，微观经济决策应服从宏观经济决策的要求。

2.4.3　经济决策的主要内容

不同环境下，经济投资重点不同，因此需要从实际情况出发，在经济分析后，做出决策。一般来说，经济决策包括投资规模决策、投资方向决策及投资项目决策。

1）投资规模决策

投资规模指的是用货币形态综合表现的一定时期内企业形成实际资本的全部工作量，确定适度的投资规模具有重大的宏观、微观意义。

在现实经济生活中，企业投资规模有不同的表现形式。例如，从建设周期和投资项目全部工作量的关联角度讲，企业投资规模有年度投资规模和投资总规模之分；从企业投资实现后在生产经营过程中的价值周转方式的联系与区别角度讲，企业投资规模有固定资产投资规模和垫底流动资产投资规模之分。

2）投资方向决策

投资方向决策，就是决定企业扩展的产业方向和空间流向的过程，是企业投资决策的重要内容。产业是由生产同类及相近替代产品，或提供同类及相近的服务的企业所构成的群体。

正如迈克尔·波特所说的那样：一个产业的任何定义实质上就是划定已立足竞争者与替代品的界限、现有公司与潜在进入公司的界限，以及现有公司与供方、买方公司的界限。

企业确定其投资产业流向的目的是最终确定企业将进行投资、参与竞争的业务领域。从这一角度来看，将产业的界限划分得狭小一些可能更为实用。

3）投资项目决策

（1）投资项目决策定义

投资项目决策是由有关部门、单位或个人等投资主体在调查、分析、论证的基础上，对个别投资项目的关键问题做出的判断和决定。

关键问题包括以下内容。

定项：拟建项目的取舍。

定点：建设地点（厂址、线址、坝址等）的总称。

定方案：建设方案的确定。

（2）投资项目决策作用

①投资项目决策对项目建设的成败和项目投资效益的高低有决定性影

响。投资项目决策的正确性、及时性、适时性等都会影响投资效益，关系到项目建设的成败。

②投资项目决策对整个国家经济也会产生重大影响。首先，如果项目决策成功，项目投资效益良好，就会对国民经济产生有利的影响。其次，投资活动是实现社会扩大再生产的基本手段。再次，项目建设是实现社会生产结构合理化的有效手段。最后，投资项目决策是合理控制投资规模的重要手段。

2.5 电力项目投资决策实证

2.5.1 电网合理投资规模

电网投资规模是为了满足电源接入与负荷供电，在符合《电力系统安全稳定导则》及其他运行规程规范或条例等要求的前提下，建设具有坚强、灵活的电网结构以及适当的输变电设备规模所需的投资额，电网投资额对有效资产有正向作用，但投资额过大会增加国家电网公司资金压力，增加运维成本以及财务费用，因此，需要处理好国家电网公司损益性收支与资本性收支的关系，研究基于财务评价、有效资产收益的电网合理投资规模决策方法。

随着电力体制改革的深化，国家电网公司经营关注的重点由单纯地支持国家发展战略、满足公共需求向兼顾公共事业性和自身盈利性转变。同时，国资委也加大了对国家电网公司的利润考核力度。国家电网公司需要深入研究资本性支出（电网投资）对公司未来损益性收支（运营成本效益）的影响机制。

电网投资对公司成本效益影响有两种机制：①固定资产规模增大引发预算期与固定资产规模相关的人工成本，材料费，设备修理、维护及折旧费等成本费用支出增加；②固定资产建成后原贷款利息费用化导致的利息费用支出增加，具体影响如图2-5所示。

将财务报表方法同有效资产概念相结合，可形成电网投资经济效益测算方法，如图2-6所示。

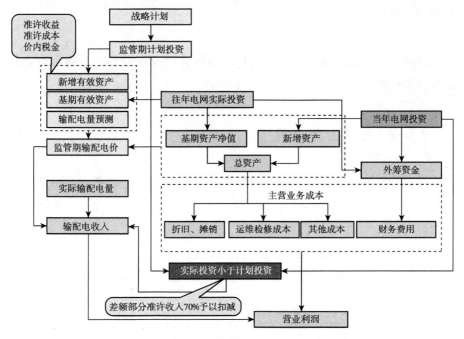

图 2-5　电网投资决策对公司损益影响机制

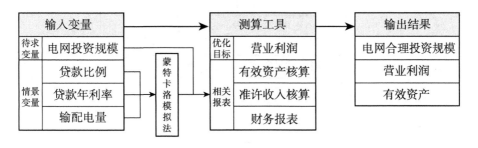

图 2-6　电网投资经济效益测算流程

第一步，输入变量。

结合电网有效资产管理现状，电网投资规模为待求变量；贷款比例、贷款年利率是求解贷款利息的重要依据，输配电量是计算输配电收入的重要变量，将以上三项作为情景变量。

第二步，测算工具。

本项目将有效资产测算表格同利润表、还本付息计划表相结合，并运用蒙特卡洛模拟法随机生成主营业务收入、主营业务成本、贷款利息等指标值，分析其对有效资产核算、准许收入核算及财务报表的影响，完成营业利润的测算。

第三步，输出结果。

计算得到以保障营业利润为目标的电网合理投资规模，并得到营业利润及有效资产。

2.5.2 投资方向决策

电网投资方向优化是以提升电网有效资产投入产出效率为目标开展的保民生、保安全、保市场以及其他类项目的优化决策。该方法技术路线如图 2-7 所示。

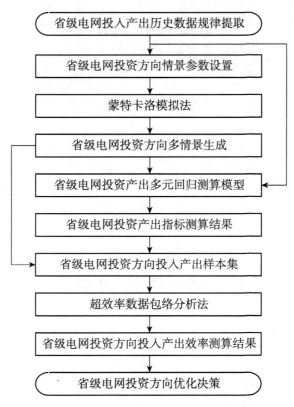

图 2-7 省级电网投资方向决策方法技术路线

2.5.3　投资项目决策

电网投资项目优选是指针对根据实际情况所提出的多个备选建设方案，通过选择适当的评价方法与指标，来对各个方案的综合效益进行比较，最终选择出具有最佳投资效果的方案。

在电网发展过程中，往往面临多项目比选方法的选择。在针对多项目开展的方案进行比较和选择时，需要综合考虑多项目中不同项目之间的联系对各个项目的效益及多个项目整体效益产生的影响，进行项目建设方案的比选。电网投资项目与电源建设、经济发展、资源节约、环境保护等之间有一定的相互联系和约束，因此在进行电网投资项目建设方案的比选时，须将项目内其他项目的投入、产出等因素纳入考虑范畴，统筹协调，通过开展多项目建设方案比选实现多项目综合效益最大化，该研究具有显著的实践意义。

电网投资项目比选涉及的内容十分广泛，既包含技术水平、建设条件等方面的比较分析，也包括项目不同方案的经济、社会、环境等综合效益的比较分析，因此，电网投资项目比选是在给定多项目方案的基础上，在不超出其约束条件下，选择一组项目使其总收益达到最大值。通常是在给定的资金预算内，使其项目总体的收益期望值最大。

1）互斥型项目比选

（1）差额分析法

适用于寿命期相等的方案的比选。应用差额分析法进行方案的比选时，应遵循以下两条原则：只有较低投资额的方案被证明是合理的，较高投资额的方案才能与其相比较；若追加投资是合理的，则应选择投资额大的方案，反之，则应选择投资额较小的方案。常用的差额分析法有以下两种。

①差额净现值法（ΔNPV）。根据两个方案的差额净现金流量计算差额净现值指标进行方案的比选。当基础方案可行时，$\Delta NPV \geqslant 0$，则保留投资额大的方案；反之，则选择投资额小的方案。

②差额内部收益率法（ΔIRR）。在计算出两个原始投资额不相等的投资项目的差量现金流量的基础上，计算差额内部收益率，当差额内部收益率≥基准收益率或设定的贴现率时，原始投资额大的项目较优；反之，则原始投资少的项目较优。

（2）直接比较法

在排除不能满足资源约束条件的备选方案的基础上，先对满足资源约束的所有备选方案的评价指标进行计算，再进行直接比较。对于效益型投资方案，可以通过对净现值、净年金等指标的计算择大选取；对于费用型投资方案，则可以通过对费用现值、费用年值等指标的计算择小选取。

对于寿命周期不同的建设方案的比选，则可以通过重复更新假设、再投资假设等方法，将所有进行比选的项目方案均按相同期限计算各项指标，从而在此基础上进行建设方案的比选。

2）独立型项目比选

（1）穷举法

穷举法也称构造互斥型方案法，通过将所有备选的独立型方案的净现值计算出来，在排除不可行方案后，对所有可行方案进行任意组合，所有方案组合互不相同、彼此互斥，并在此基础上排除超过资源约束的方案组合，再计算所有满足约束条件的方案组合的净现值之和，净现值之和最大的方案组合就是经济效益最优的项目集合。

（2）效率型指标排序法

选定并计算项目排序所需的效率型指标，即单位资源所产生的经济效益目标值，如内部收益率、投资利润率等。按照每个项目的效率指标从高到低进行排序，直到满足资源约束条件为止。在运用这一方法进行比选时需要注意以下三个方面：①必须实施的项目不论其效率指标高低，在进行排序时必须将其排在第一位；②在投资项目的选择中，通过基准贴现率排除不可行项目；③不可分项目问题。

3）层混型项目比选

（1）穷举法

与独立型项目比选中的穷举法类似，区别在于层混型项目比选中的穷举法在提出项目组合时，每一类项目在一种组合中只能出现一次，如 A1B1C1、A1B1C2、A1B2C1 等。在排除超出资源约束条件的项目组合后，再计算满足约束条件的项目组合净现值之和，最终选出净现值之和大的项目组合。

（2）差额效率型指标排序法

将每类投资项目按投资额从小到大进行排序，并依次将相邻项目两两比较，将高投资项目的净现金流量减去低投资项目的净现金流量得出差额现金流量，并以此为基础计算差额内部收益率，将每类项目追加投资的差额内部收益率指标从高到低进行排序，直到满足约束条件为止。

4）万加特纳整数规划解法

有约束条件的多投资项目优化问题通常称为罗瑞－萨维奇问题，即在资金约束条件下，通过对一组项目的选择使得投资收益最大化的项目组合的问题，通常可以用万加特纳解法构建一般的多项目优化模型。该模型是将约束条件进行分类表述的 0 – 1 整数规划模型，模型具有不可分性，原本独立的项目，选择只有两种可能：要么被选取（此时决策变量值为 1），要么被拒绝（此时决策变量值为 0）。模型以净现值为目标函数，在一定的约束条件下寻求净现值最大的一组投资项目方案组合，从多个可行的组合方案中选取经济效果最好的组合，用于多项目的优化比选。模型如式 2 – 20 所示。

$$\max \sum_{k=1}^{n} \sum_{i=1}^{m_k} x_{ik} NPV_{ik}$$

$$\text{s. t.} \begin{cases} \sum_{k=1}^{n} \sum_{i=1}^{m_k} x_{ik} C_{ik} \leq B & (1) \\[2mm] \sum_{i=1}^{m_k} x_{ik} \leq 1 & (2) \\[2mm] x_a \leq x_b & (3) \\ x_c = x_d & (4) \\ x_e + x_{ef} \leq 1 & (5) \\ x_f + x_{ef} \leq 1 & (6) \\ 0 \leq x_{ik} \leq 1 & (7) \end{cases} \qquad (2-20)$$

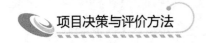

其中，n 为备选项目个数；m_k 为第 k 个项目的互斥方案个数；x_{ik} 为决策变量（取值为 1 或者 0），约束条件主要包括资源约束、项目方案间的相互关系、项目的不可分性约束等。

式（1）为人、财、物等资源的约束方程，C_{ik} 为第 k 个项目的第 i 个方案的资源需用量，B 为现有的可支配资源总量，其含义为投资项目所需的总资源量不超过现有的可支配资源总量。

式（2）为互斥方案约束方程，x_{ik} 为方案的决策变量，表示在各个互斥方案中最多只能选取一个。

式（3）为依存关系约束方程，a 为依存于 b 的方案，即 b 不被选取，a 肯定也不被选取，只有 b 被选取才考虑 a 的选取。

式（4）为紧密互补型约束方程，即 c 和 d 为紧密互补型方案，两者或者都不被选取，或者同时被选取。

式（5）、式（6）为非紧密互补型约束方程，ef 与 e 和 f 之间是互斥方案，即 ef 与 e 之间只能选取一个，ef 与 f 之间也只能选取一个。

式（7）为不可分性约束方程，表示任一方案要么被选取，要么被拒绝，而不允许只取完整方案的一部分而舍弃其他部分。

2.6　项目运营模式决策实证

2.6.1　考虑主体特征的投资运营模式分析

综合能源系统是融合了电、气、热、冷等各类能源，输配电网、天然气管网、冷热管网等能源输送网络，储热、储电等储能系统的综合性能源结构。伴随着综合能源系统各方面研究的不断深入和国家政策的引导，一些代表性项目逐步落地，如国网北方园区综合能源服务项目、北辰商务中心绿色办公综合能源示范工程、安徽苏滁现代产业园综合能源服务试点园区等。综合能源市场初步形成，为抓住能源转型期间新的商业机遇，适应能源市场发展的新形势，各类能源企业纷纷加快向综合能源系统转型的步伐。不同参与主体在综合能源系统领域的内外部环境存在明显差异，本节首先对以国家电网公司、分布式新能源发电企业、天然气企业为代表的综合能源系统参与主体的内部、外部影响因素进行深入分析，总结其优势特征和劣势特征；然后提出基于主体特征的综合能源系统投资运营模式分析方法，构建基于主体特征的运营模式适用程度的评价指标体系，并采用层次分析法对不同参与主体进行指标赋权，为参与主体提供运营模式选择的定性分析方法。

1) 主要参与主体及特征分析

综合能源系统的利益相关者众多，横向角度从用户、企业到政府相关部门，纵向角度从设备制造商到发电企业、燃气公司，再到储能企业，都可作为系统的投资运营主体。综合能源系统也以其独有的高效性、低碳性、可靠性受到诸多利益相关者的青睐。综合能源体系框架下的能源生产和消费往往以市场为导向，通过对该体系框架下各参与者的背景以及用户用能需求进行分析，同时结合以往文献研究，综合能源系统主要的参与主体有国家电网公司、分布式新能源发电企业和天然气企业。生产经营活动都是在一定的市场背景下进行的，而投资运营模式的产生是市场背景下诸多因素综合作用的结果。不同主体在综合能源系统业务领域的优势和劣势呈现出明显差异，同时，综合能源系统的投资运营模式比较多，不同的参与主体对于不同投资运营模式的适用性有所差别，适宜的投资运营模式能够使参与主体的自身优势得到最大化的发挥，同时，最大程度地弥补自身不足，因此只有认清自身优势和劣势特性，选择适宜的投资运营模式，才能更好地寻求发展机会，促使企业在综合能源系统领域快速发展。主要参与主体 SWOT 分析如图 2-8 所示。

2) 基于主体特征的运营模式分析方法

(1) 基于主体特征的运营模式评价指标体系

综合能源系统中存在四种典型的投资运营模式：独立投资 + 独立运营、独立投资 + 委托运营、合作投资 + 合作运营、合作投资 + 委托运营。不同主体在综合能源系统业务领域面临的内、外部环境不同，自身的优势和劣势有所差异，因此呈现出不同的主体特征，在进行模式选择时，应充分考虑其特征，以便更好地发挥主体优势，弥补自身不足，抓住综合能源

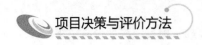

| 国家电网公司 | 优势 | 1.客户资源及品牌效应；
2.试点起步早，实践经验丰富；
3.人才储备充足，管理经验丰富。 | 机会 | 1.国家政策支持；
2.市场需求多元化。 |
| 劣势 | 1.资源整合体系不健全；
2.市场机制不灵活；
3.对其他子系统缺乏运营管理经验。 | 威胁 | 1.潜在竞争者的威胁；
2.售电侧改革带来的经营压力。 |

| 分布式新能源发电企业 | 优势 | 1.环保优势；2.成本优势；
3.技术优势；4.投资优势。 | 机会 | 1.产品销售机会；2.电量消纳的机会；
3.国家政策支撑；4.资源先天优势。 |
| 劣势 | 1.波动性和不稳定性；
2.精准化管理水平不足。 | 威胁 | 1.潜在竞争者的威胁；
2.政策、制度不完善。 |

| 天然气企业 | 优势 | 1.燃气领域的技术、管理优势；
2.燃气管网覆盖面较广；
3.优质服务、案例保障水平高。 | 机会 | 1.政策支持力；2.产品销售机会；
3.天然气行业的创新变革；
4.市场需求多元化。 |
| 劣势 | 1.人力资源结构不合理；
2.管理机制灵活性欠缺；
3.在其他能源板块缺乏技术和管理经验。 | 威胁 | 潜在竞争者的威胁。 |

图 2 – 8   主要参与主体 SWOT 分析

的发展机遇，同时有效规避风险。因此，基于主体特性对运营模式进行分析，针对不同参与主体投资运营模式进行适用性排序对参与主体而言有重要的现实意义。根据上文的主体特征分析，本节从保障参与主体优势和弥补参与主体不足两个层面构建了基于主体特征的运营模式评价指标体系，主要目的是衡量投资运营模式对主体的适用程度。保障参与主体优势指标主要反映在开展综合能源系统业务时，不同的投资运营模式能够保障参与主体发挥其优势特征的程度；弥补参与主体不足程度指标主要反映在开展综合能源系统业务时，不同的投资运营模式能够弥补参与主体劣势特征的程度。基于综合能源系统主要参与主体的特征分析，结合以往文献，本书构建了两个一级指标和九个二级指标构成的基于主体特征的运营模式评价指标体系，如表 2 – 4 所示。

表 2 - 4　运营模式评价指标体系

	一级指标	二级指标
基于主体特征的运营模式决策 A	保障主体优势特征程度指标（B1）	保障客户资源和品牌优势程度（C1）
		保障综合能源相关实践经验丰富程度（C2）
		保障能源服务优质和运行安全程度（C3）
		保障主体相关子系统业务领域优势程度（C4）
		保障专业技术人才储备优势程度（C5）
		保障项目运维和管理水平优势程度（C6）
	弥补主体劣势特征程度指标（B2）	弥补资源整合体系不健全程度（C7）
		弥补其他业务板块劣势程度（C8）
		弥补人力资源结构不合理程度（C9）

①保障主体优势特征程度指标。

C1：保障客户资源和品牌优势程度。通过对主要参与主体进行特征分析发现，客户和品牌优势是指不同参与主体在客户资源和品牌竞争力上均有不同，而不同的投资运营模式对于客户和品牌的反应程度不同，充分保障参与主体的客户品牌优势有利于主体在能源销售服务环节获得更好的效益。

C2：保障综合能源相关实践经验丰富程度。综合能源系统项目随着国家政策和能源技术的发展开始逐步落地，能够发挥参与主体实践经验优势的运营模式对确保项目顺利实施、推动整体综合能源行业的发展都有重要意义。

C3：保障能源服务优质和运行安全程度。参与主体在能源服务方面的水平参差不齐，在对投资运营模式进行分析时，要尽可能选择将参与主体这方面优势有效发挥出来的运营模式。

C4：保障主体相关子系统业务领域优势程度。综合能源系统包含电、气、热、冷等多个能源子系统，而参与主体大多在某一方面比较擅长，具体表现为，很多主体综合实力较差，但在自身业务领域优势较大。这一指标可以反映不同投资运营模式对参与主体在自身擅长的业务领域能够保障其优势的程度。

C5：保障专业技术人才储备优势程度。专业技术人才的储备量是主体综合实力的一种表现，能够发挥主体在技术人才方面优势的模式，从短期发展和长期战略规划上来讲，都是相对更适合主体的运营模式。

C6：保障项目运维和管理水平优势程度。表示几种综合能源系统投资运营模式对参与主体发挥其项目运维管理优势的保障程度。

②弥补主体劣势特征程度指标。

C7：弥补资源整合体系不健全程度。不同的投资运营模式对资源整合体系的要求不尽相同，资源整合体系不健全是多数参与主体存在的不足，运营模式应尽可能弥补其不足。

C8：弥补其他业务板块劣势程度。综合能源系统包含电、气、热、冷等多个能源子系统，而参与主体大多在某一方面比较擅长，相应地在其他业务板块处于劣势。这一指标可以反映不同投资运营模式对参与主体在处于劣势的业务领域能够弥补其不足的程度。

C9：弥补人力资源结构不合理程度。综合能源系统结构、业务流程都相对复杂，通过运营模式弥补人力资源结构不合理的不足，有助于综合能源系统整体供能服务水平的提高。

（2）基于层次分析法的指标赋权

利用层次分析法评判不同投资运营模式参与主体的适用性程度，主要从两个维度进行评判，一是通过模式对主体优势特征保障程度进行评价，二是通过模式对主体劣势特征的弥补程度进行评价。基于层次分析法的指标赋权过程如图 2 - 9 所示。

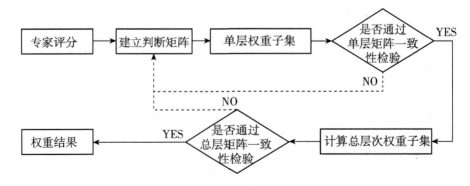

图 2 - 9　基于层次分析法的指标赋权过程

　　首先，确定评价指标体系，进而构建层次评估模型，搭建对应的目标层、准则层、指标层。然后，构建判断矩阵。基于1-9比例标度法设计专家意见调查表，根据调查表结果，再将同一层次的每个指标就其对上一层次相对应指标的重要性进行两两比较，计算出各项指标的权重。为避免重要等级产生冲突，确保模型合理有效，还需进行一致性检验，检验通过，表明指标权重结果有效。

　　根据上述过程，本书邀请20位专家分别针对国家电网公司、分布式新能源发电企业、天然气企业的上述指标进行了打分，最后得到针对三个主体的指标权重，如表2-5所示：

表2-5　指标权重表

一级指标	二级指标	指标权重		
		国家电网公司	分布式新能源发电企业	天然气企业
保障主体优势特征程度指标（B1）	保障客户资源和品牌优势程度（C1）	0.073 8	0.027 2	0.041
	保障综合能源相关实践经验丰富程度（C2）	0.284 5	0.115 5	0.030 8
	保障能源服务优质和运行安全程度（C3）	0.129 9	0.065 6	0.156 8
	保障主体相关子系业务领域优势程度（C4）	0.185 8	0.165 1	0.253 5
	保障专业技术人才储备优势程度（C5）	0.045 4	0.040 3	0.066 8
	保障项目运维和管理水平优势程度（C6）	0.030 6	0.252 9	0.117 7
弥补主体劣势特征程度指标（B2）	弥补资源整合体系不健全程度（C7）	0.168 5	0.033 6	0.075 2
	弥补其他业务板块劣势程度（C8）	0.056 4	0.224 6	0.224 6
	弥补人力资源结构不合理程度（C9）	0.025 2	0.075 2	0.033 6

2.6.2　综合能源系统成本效益分析

1）综合能源系统成本收益构成

（1）综合能源系统成本构成

综合能源系统总成本由初始投资成本和运维成本构成。初始投资成本是项目投资建设所花费的一次性投资；运维成本是项目建设完成投入生产运营后，为保障系统安全、可持续运行所投入的成本费用，包括人工、材料设备等日常支出。同样，系统各组件成本也由初始投资成本和运维成本构成，各部分详细构成如下。

①分布式光伏组件。

分布式光伏项目在建设期初始投资成本可用装机容量和单位装机容量成本的乘积估算。运维成本是光伏系统日常管理和维护所花费的费用，主要包括运维人员工资和备品备件，费用较低，也较好预测，根据现行经验，通常年运维费率在1%～3%之间，且规模越大，费率越低。

$$C_{pva} = C_{pvw} \times Q_{pvw} \qquad (2-21)$$

$$C_{pvb} = C_{pva} \times k_{pv} \qquad (2-22)$$

式中：C_{pva} 为分布式光伏初始投资成本；

C_{pvb} 为分布式光伏运维管理成本；

C_{pvw} 为分布式光伏单位装机容量成本；

Q_{pvw} 为分布式光伏装机容量；

k_{pv} 为分布式光伏年运维管理费率。

②冷热电联产系统组件。

冷热电联（Combined Cooling Heating and Power，CCHP）系统建设期初始投资成本为单位容量成本和总容量的乘积。运营期成本主要包括运维成本、购气费用以及水费电费支出。其中，运维成本包括人工成本、运维费和其他费用。

$$C_{ha} = C_{hw} \times P_{hw} \qquad (2-23)$$

$$C_{hb,t} = C_{hq,t} + C_{hy,t} + C_{hs,t} + C_{hd,t} \qquad (2-24)$$

$$C_{hy,t} = C_{hr,t} + C_{hw,t} + C_{he,t} \qquad (2-25)$$

$$C_{hq,t} = P_q \times Q_{q,t} \qquad (2-26)$$

式中：C_{ha} 为 CCHP 系统初始投资成本；

C_{hw} 为 CCHP 系统单位装机容量成本；

P_{hw} 为 CCHP 系统装机容量；

$C_{hb,t}$ 为 CCHP 系统第 t 年运营成本；$C_{hq,t}$ 为第 t 年购气费用；

$C_{hy,t}$ 为运维成本，其中，$C_{hr,t}$ 为第 t 年人工成本，$C_{hw,t}$、$C_{he,t}$ 分

别为运营期间第 t 年的运维费和其他费用，$C_{\mathrm{hs},t}$、$C_{\mathrm{hd},t}$ 分别为第 t 年水费、电费支出；

P_{q} 为天然气单价，$Q_{\mathrm{q},t}$ 为第 t 年购气量。

③储电系统组件。

储电系统建设期初始投入的成本主要包括设备的购置费用、安装费用和土建费用、系统测试成本；运营成本主要包括运维成本和购电费用；运维成本包括日常运营维护人员人工成本、运维费和其他费用。

$$C_{\mathrm{da}} = C_{\mathrm{ds}} + C_{\mathrm{dz}} + C_{\mathrm{dt}} + C_{\mathrm{dc}} \qquad (2-27)$$

$$C_{\mathrm{db},t} = C_{\mathrm{dy},t} + C_{\mathrm{dd},t} \qquad (2-28)$$

$$C_{\mathrm{dy},t} = C_{\mathrm{dr},t} + C_{\mathrm{dw},t} + C_{\mathrm{de},t} \qquad (2-29)$$

$$C_{\mathrm{dd},t} = P_{\mathrm{d}} \times Q_{\mathrm{d},t} \qquad (2-30)$$

式中：C_{da} 为储电系统初始投资成本；C_{ds} 为设备购置费用；C_{dz} 为设备安装费用；C_{dt} 为土建费用；C_{dc} 为系统测试、调试费用；

　　　　$C_{\mathrm{db},t}$ 为储电系统第 t 年运营成本；$C_{\mathrm{dy},t}$ 为第 t 年运维成本，其中 $C_{\mathrm{dr},t}$、$C_{\mathrm{dw},t}$、$C_{\mathrm{de},t}$ 为第 t 年人工成本、运维费和其他费用；

　　　　$C_{\mathrm{dd},t}$ 为第 t 年购电费用；P_{d}、$Q_{\mathrm{d},t}$ 分别为单位电价和第 t 年的储电量。

④热泵组件。

热泵是一种以逆向循环的方式迫使热能从温度低的物体流向温度高的物体的高效节能装置。热泵的初始投资成本主要有设备购置费、安装成本、土建费用和其他费用。热泵运行需要电力作为驱动力，因此运营成本主要包括日常运维成本和购电费用，运维成本包括日常运营维护人员人工成本、维护检修费用和其他费用。

$$C_{\mathrm{rba}} = C_{\mathrm{rbs}} + C_{\mathrm{rbz}} + C_{\mathrm{rbt}} + C_{\mathrm{rbq}} \qquad (2-31)$$

$$C_{\mathrm{rbb},t} = C_{\mathrm{rby},t} + C_{\mathrm{rbd},t} \qquad (2-32)$$

$$C_{\mathrm{rby},t} = C_{\mathrm{rbr},t} + C_{\mathrm{rbw},t} + C_{\mathrm{rbe},t} \qquad (2-33)$$

式中：C_{rba} 为热泵初始投资成本；C_{rbs} 为设备购置费用；C_{rbz} 为设备安装费用；C_{rbt} 为土建费用；C_{rbq} 为其他费用；

$C_{rbb,t}$ 为热泵系统第 t 年运营成本；$C_{rby,t}$ 为第 t 年运维成本，其中 $C_{rbr,t}$、$C_{rbw,t}$、$C_{rbe,t}$ 分别为第 t 年人工成本、维护检修费用和其他费用；$C_{rbd,t}$ 为第 t 年购电费用。

⑤燃料电池组件。

燃料电池是一种将化学能转化为电能的能量转换装置，具有污染小、可靠性高、噪声低等优点。燃料电池的初始投资成本主要有设备购置费、安装费、土建费和其他费用；运营成本主要由日常运维成本和购电费用构成，运维成本包括日常运营维护人员人工成本、维护检修费用和其他费用。

$$C_{fa} = C_{fs} + C_{fz} + C_{ft} + C_{fq} \qquad (2-34)$$

$$C_{fb,t} = C_{fy,t} + C_{fd,t} \qquad (2-35)$$

$$C_{fy,t} = C_{fr,t} + C_{fw,t} + C_{fe,t} \qquad (2-36)$$

式中：C_{fa} 为燃料电池初始投资成本；C_{fs} 为设备购置费用；C_{fz} 为设备安装费用；C_{ft} 为土建费用；C_{fq} 为其他费用；

$C_{fb,t}$ 为燃料电池第 t 年运营成本；$C_{fy,t}$ 为第 t 年的运维成本，其中 $C_{fr,t}$、$C_{fw,t}$、$C_{fe,t}$ 分别为第 t 年的人工成本、维护检修费用和其他费用；$C_{fd,t}$ 为第 t 年的购电费用。

⑥电制冷/热/气组件。

电制冷/热/气机组件初始投资成本主要由机组设备购置费、安装费和其他费用构成。运营成本主要由日常运维管理成本和购电费用构成，运维成本包括日常运营维护人员人工成本、维护检修费用和其他费用。

$$C_{dza} = C_{dzs} + C_{dzz} + C_{dzq} \qquad (2-37)$$

$$C_{dzb,t} = C_{dzy,t} + C_{dzd,t} \qquad (2-38)$$

$$C_{dzy,t} = C_{dzr,t} + C_{dzw,t} + C_{dze,t} \qquad (2-39)$$

式中：C_{dza} 为电制冷/热/气机组初始投资成本；C_{dzs} 为设备购置费用，C_{dzz} 为设备安装费用，C_{dzq} 为其他费用；

$C_{dzb,t}$ 为电制冷/热/气机组第 t 年运营成本；$C_{dzy,t}$ 为第 t 年的运维成本，其中 $C_{dzr,t}$、$C_{dzw,t}$、$C_{dze,t}$ 分别为第 t 年的人工成本、维护检修费用和其他费用；$C_{dzd,t}$ 为第 t 年的购电费用。

⑦冰蓄冷机组。

冰蓄冷机组是一种转移用电高峰、平衡电力供应的储冷设备。初始投资成本主要由机组设备购置费、安装费用和其他费用构成。运营成本主要包括日常运维成本、材料费用和购电费用，运维成本包括日常运营维护人员人工成本、维护检修费用和其他费用。

$$C_{ba} = C_{bs} + C_{bz} + C_{bq} \qquad (2-40)$$

$$C_{bb,t} = C_{by,t} + C_{bc,t} + C_{bd,t} \qquad (2-41)$$

$$C_{by,t} = C_{br,t} + C_{bw,t} + C_{be,t} \qquad (2-42)$$

式中：C_{ba} 为冰蓄冷机组初始投资成本；C_{bs} 为设备购置费用，C_{bz} 为设备安装费用，C_{bq} 为其他费用；

$C_{bb,t}$ 为冰蓄冷机组第 t 年运营成本；$C_{by,t}$ 为第 t 年的运维成本，其中 $C_{br,t}$、$C_{bw,t}$、$C_{be,t}$ 分别为第 t 年的人工成本、维护检修费用和其他费用；$C_{bc,t}$ 为第 t 年的材料费用；$C_{bd,t}$ 为第 t 年的购电费用。

⑧储热系统组件。

储热系统组件初始投资成本主要包括组件设备购置费、安装费和其他费用。运营成本主要包括日常运维成本和储热成本，运维成本包括日常运营维护人员人工成本、维护检修费用和其他费用。

$$C_{ra} = C_{rs} + C_{rz} + C_{rq} \qquad (2-43)$$

$$C_{rb,t} = C_{ry,t} + C_{rh,t} \qquad (2-44)$$

$$C_{ry,t} = C_{rr,t} + C_{rw,t} + C_{re,t} \qquad (2-45)$$

式中：C_{ra} 为储热系统组件初始投资成本；C_{rs} 为设备购置费用；C_{rz} 为设备安装费用；C_{rq} 为其他费用；

$C_{rb,t}$ 为储热系统第 t 年运营成本；$C_{ry,t}$ 为第 t 年的运维成本，其中 $C_{rr,t}$、$C_{rw,t}$、$C_{re,t}$ 分别为第 t 年的人工成本、维护检修费用和其他费用；$C_{rh,t}$ 为第 t 年的储热成本。

⑨信息化建设。

信息化建设是保障系统信息采集和处理的相关设备、信息技术系统的投资。

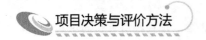

$$C_x = C_{xs} + C_{xz} \tag{2-46}$$

式中：C_x 为信息系统投资费用；

C_{xs} 为设备/信息系统购置费用，包括数据采集设备和信息处理相关设备和系统；

C_{xz} 为设备/系统安装费用。

（2）综合能源系统收益构成

综合能源系统收益主要来自系统供能收益、辅助服务收益和增值服务收益三部分。供能收益主要包括供电、供气、供热、供冷四个部分。供电服务收益是指综合能源系统一方面通过分布式光伏、天然气、风电、燃料电池等发电为用户提供电能赚取供电服务收益；另一方面，若有多余发电量，还可将外部大电网作为保障性电能供应来源以确保供电稳定，并通过储能赚取电能差价。供热服务收益是指系统供热服务主要通过热泵、电制热机组、CCHP机组、储热系统等为用户供热获取的收益，也可与市政热力管道相连，通过热网获取热力，然后为用户供热获取的收益。通常根据用户类型分为工业、居民两种供热计价方式。供气服务收益是指综合能源系统运营商从天然气供应商购买燃气，然后向用户出售，为用户供应天然气获取的收益。供冷服务收益是指综合能源系统通过电制冷机组、CCHP机组、冰蓄冷机组等产冷，为用户供冷获取的收益。配电网服务收益是指综合能源系统投资运营主体建设园区内的配电网络，并享有配电网的经营权，针对区域内用户出售所产生的过网电量，收取过网费用赚取的收益。辅助服务收益是指储能电站在弃风、弃光和用电低谷等低电价时段储电，然后将存储的电力直接在用电高峰售卖，或用作备用电力，提供备用容量辅助服务获取的收益。政府补贴是为了鼓励新能源发电、限制碳排放产业的发展，主要针对系统内的分布式光伏发电和储能组件。补贴收益是指综合能源系统的直接经济收益。增值服务收益是指综合能源系统通过与大数据等信息系统有机结合，方便系统运营主体采集用户不同时段的用能数据、结构等信息，结合电价为用户提供优化方案，节省能源花费成本；在此基础上，还能通过更深层次的数据分析，提供多样化能源服务，帮助用户节能改造，并收取费用。

系统各组件的收益详细构成如下。

①分布式光伏组件。

分布式光伏采用的是自发自用、余量上网的方式，因此，总发电收益主要包括用户售电收益、上网收益、市场交易收益和政府补贴收益。

$$I_{pv}^e = I_{pv1}^e + I_{pv2}^e + I_{pv3}^e + I_{pv4}^e \qquad (2-47)$$

$$I_{pv1}^e = P_{pv1}^e \times Q_{pv1}^e \qquad (2-48)$$

$$I_{pv2}^e = P_{pv2}^e \times Q_{pv2}^e \qquad (2-49)$$

$$I_{pv3}^e = P_{pv3}^e \times Q_{pv3}^e \qquad (2-50)$$

$$I_{pv4}^e = P_{pv4}^e \times Q_{pv4}^e \qquad (2-51)$$

式中：I_{pv}^e 为分布式光伏系统发电收益；

I_{pv1}^e 为分布式光伏用户售电收益，P_{pv1}^e 为用户电价，Q_{pv1}^e 为用户售电量；

I_{pv2}^e 为分布式光伏上网收益，P_{pv2}^e、Q_{pv1}^e 分别为上网电价和电量；

P_{pv3}^e 为分布式光伏市场交易收益，P_{pv3}^e、Q_{pv3}^e 分别为市场交易电量和成交电价；

I_{pv4}^e 为分布式光伏政府补贴收益，P_{pv4}^e、Q_{pv4}^e 分别为光伏系统发电补贴和全部发电量。

②CCHP 组件。

a. 供电收益。CCHP 组件发电收益包括用户售电收益、上网收益和能源市场中的市场交易收益。

$$I_{CCHP}^e = I_{CCHP1}^e + I_{CCHP2}^e + I_{CCHP3}^e \qquad (2-52)$$

$$I_{CCHP1}^e = P_{CCHP1}^e \times Q_{CCHP1}^e \qquad (2-53)$$

$$I_{CCHP2}^e = P_{CCHP2}^e \times Q_{CCHP2}^e \qquad (2-54)$$

$$I_{CCHP3}^e = P_{CCHP3}^e \times Q_{CCHP3}^e \qquad (2-55)$$

式中：I_{CCHP}^e 为 CCHP 系统发电收益；

I_{CCHP1}^e 为 CCHP 用户售电收益，P_{CCHP1}^e 为用户电价，Q_{CCHP1}^e 为用户售电量；

I_{CCHP2}^e 为 CCHP 上网收益，P_{CCHP2}^e、Q_{CCHP2}^e 为上网电价和电量；

I^e_{CCHP3} 为 CCHP 市场交易收益，P^e_{CCHP3}、Q^e_{CCHP3} 分别为市场交易电量和成交电价。

b. 供热收益。CCHP 组件以天然气为主要能源，可以产生热能，获取供热收益。用户类型有两种，居民和商业用户通过供热面积计算，而工业用户主要通过供热蒸汽量计算。

$$I^h_{CCHP} = I^h_{CCHP1} + I^h_{CCHP2} \qquad (2-56)$$

$$I^h_{CCHP1} = S^h_{CCHP} \times P^h_{CCHP1} \qquad (2-57)$$

$$I^h_{CCHP2} = V^h_{CCHP} \times P^h_{CCHP2} \qquad (2-58)$$

式中：I^h_{CCHP} 为 CCHP 系统供热收益；

I^h_{CCHP1} 为 CCHP 居民和商业用户供热收益，S^h_{CCHP} 为供热面积，P^h_{CCHP1} 为单位面积供热价格；

I^h_{CCHP2} 为 CCHP 工业供热收益，V^h_{CCHP}、P^h_{CCHP2} 分别为工业供热蒸汽量和单位蒸汽价格。

c. 供冷收益。CCHP 组件以天然气为主要能源，为用户供冷获取收益。

$$I^c_{CCHP} = Q^c_{CCHP} \times P^c_{CCHP} \qquad (2-59)$$

式中：I^c_{CCHP} 为 CCHP 系统供冷收益；Q^c_{CCHP}、P^c_{CCHP} 分别为供冷量和供冷单价。

③储电系统组件。

a. 峰谷价差售电收益。储电站主要通过移峰填谷的方式赚取峰谷价差，获取收益；储能电站在用电低谷（即低电价期间）从电网购电并存储，在用电高峰（即高电价期间）将存储的电量售出。在充、放电的过程中，储电系统存在一定的能量损耗，通常转换效率为 95% 左右。

$$I^e_d = V^e_d \times T^e_d \times \Delta P^e_d \times k^e_d \qquad (2-60)$$

式中：I^e_d 为储电系统供电收益；

V^e_d 为储电系统容量；

T^e_d 为储电系统年利用小时数；

ΔP^e_d 为峰谷电价差；

k^e_d 为转换效率。

b. 备用收益。储能电站在弃风、弃光和用电低谷等低电价时段储电，存储的电力除直接在用电高峰售卖外，还可用作备用电力，提供备用容量辅助服务。

$$I_d^e = Q_d^e \times P_d^e \qquad (2-61)$$

式中：I_d^e 为储电备用容量收益；Q_d^e、P_d^e 分别为备用电量和单位容量备用补偿价。

④热泵组件。

热泵组件经济环保，能有效降低一次能源消耗。用户类型有两种，居民和商业用户通过供热面积计算，而工业用户主要通过供热蒸汽量计算。

$$I_{rb}^h = I_{rb1}^h + I_{rb2}^h \qquad (2-62)$$

$$I_{rb1}^h = S_{rb}^h \times P_{rb1}^h \qquad (2-63)$$

$$I_{rb2}^h = V_{rb}^h \times P_{rb2}^h \qquad (2-64)$$

式中：I_{rb}^h 为热泵系统供热收益；

　　　I_{rb1}^h 为热泵系统居民和商业用户供热收益，S_{rb}^h 为供热面积，P_{rb1}^h 为单位面积供热价格；

　　　I_{rb2}^h 为热泵系统工业供热收益，V_{rb}^h、P_{rb2}^h 分别为工业供热蒸汽量和单位蒸汽价格。

⑤燃料电池组件。

燃料电池是一种将化学能转化为电能的能量转换装置，其发电收益与 CCHP 组件发电收益构成基本相同，包括用户售电收益、上网收益和能源市场中的市场交易收益。

$$I_f^e = I_{f1}^e + I_{f2}^e + I_{f3}^e \qquad (2-65)$$

$$I_{f1}^e = P_{f1}^e \times Q_{f1}^e \qquad (2-66)$$

$$I_{f2}^e = P_{f2}^e \times Q_{f2}^e \qquad (2-67)$$

$$I_{f3}^e = P_{f3}^e \times Q_{f3}^e \qquad (2-68)$$

式中：I_f^e 为燃料电池系统发电收益；

　　　I_{f1}^e 为燃料电池用户售电收益，P_{f1}^e 为用户电价，Q_{f1}^e 为用户售电量；

　　　I_{f2}^e 为燃料电池上网收益，P_{f2}^e、Q_{f2}^e 分别为上网电价和电量；

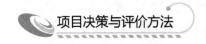

I_{f3}^e 为燃料电池市场交易收益，P_{f3}^e、Q_{f3}^e 分别为市场交易电量和成交电价。

⑥电制热/冷/气组件。

电制热/冷/气组件系统供热用户同样可以分为商业和居民用户、工业用户两种。

$$I_{eb}^h = I_{eb1}^h + I_{eb2}^h \qquad (2-69)$$

$$I_{eb1}^h = S_{eb}^h \times P_{eb1}^h \qquad (2-70)$$

$$I_{eb2}^h = V_{eb}^h \times P_{eb2}^h \qquad (2-71)$$

式中：I_{eb}^h 为电热锅炉供热收益；

I_{eb1}^h 为电热锅炉商业和居民用户供热收益，S_{eb}^h 为供热面积，P_{eb1}^h 为单位面积供热价格；

I_{eb2}^h 为电热锅炉工业供热收益，V_{eb}^h、P_{eb2}^h 分别为工业供热蒸汽量和单位蒸汽价格。

⑦冰蓄冷组件。

冰蓄冷的供冷收益主要通过供冷面积和单位面积来衡量。

$$I_{is}^c = S_{is}^c \times P_{is}^c \qquad (2-72)$$

式中：I_{is}^c 为冰蓄冷系统供冷收益；S_{is}^c、P_{is}^c 分别为供冷面积和单位面积价格。

⑧储热组件。

储热组件供热用户同样有两种，收益来源分为商业和居民用户供热收益及工业用户供热收益。

$$I_r^h = I_{r1}^h + I_{r2}^h \qquad (2-73)$$

$$I_{r1}^h = S_r^h \times P_{r1}^h \qquad (2-74)$$

$$I_{r2}^h = V_r^h \times P_{r2}^h \qquad (2-75)$$

式中：I_r^h 为电热锅炉供热收益；

I_{r1}^h 为电热锅炉商业和居民用户供热收益，S_r^h 为供热面积，P_{r1}^h 为单位面积供热价格；

I_{r2}^h 为电热锅炉工业供热收益，V_r^h、P_{r2}^h 分别为工业供热蒸汽量和单位蒸汽价格。

⑨其他收益。

a. 节能减排收益。节能减排收益以减少的二氧化碳排放量为衡量指标，二氧化碳排放量可以通过用户用电量乘以电力排放因子得到，再乘以碳交易价格，即为节能减排的收益额。

b. 信息服务及能效检测收益。信息服务主要是综合能源运营商通过对用户用能数据、特性进行分析，为用户提供能源消费信息；同时对系统内各类设备进行检测，基于检测结果为用户做出能效诊断，提供优化方案，并获取一定的服务费用。

2）不同运营模式下的成本收益模型

（1）独立投资＋独立运营

该模式下，参与主体独立负责综合能源系统的投资和运营，承担全部投资、运营成本，并独享系统收益。

该模式下，主体的总成本为：

$$C = C_a + C_b \qquad (2-76)$$

$$C_a = \sum_{i=1}^{n} C_{ia} \qquad (2-77)$$

$$C_b = \sum_{i=1}^{n} \sum_{t=1}^{m} C_{ib,t} \qquad (2-78)$$

其中，C_a 为主体投资综合能源系统总投资成本；C_{ia} 为第 i 个系统组件，即第 i 个综合能源子系统的投资成本；C_b 为综合能源系统运营成本；$C_{ib,t}$ 为第 i 个系统组件，即第 i 个综合能源子系统，第 t 年的运营成本；m 为系统全寿命周期。

该模式下，主体的总收益为：

$$I = \sum_{i=1}^{n} \sum_{t=1}^{m} I_{i,t} \qquad (2-79)$$

其中，I 为主体的总收益；$I_{i,t}$ 为第 i 个系统组件，第 t 年的收益；m 为系统全寿命周期。

（2）独立投资＋委托运营

该模式下，参与主体独立负责综合能源系统的投资，承担全部投资成

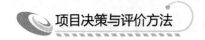

本；系统运营委托第三方运营单位负责，并按比例获取系统运营收益。

该模式下，主体的总成本即为投资成本。

$$C = C_a \qquad (2-80)$$

$$C_a = \sum_{i=1}^{n} C_{ia} \qquad (2-81)$$

其中，C_a 为主体投资综合能源系统总投资成本；C_{ia} 表示第 i 个系统组件即第 i 个综合能源子系统的投资成本。

该模式下，主体的总收益为：

$$I = \sum_{t=1}^{m} \left(\sum_{i=1}^{n} I_{i,t} - \sum_{i=1}^{n} C_{ib,t} \right) \times k \qquad (2-82)$$

其中，I 为主体的总收益，$I_{i,t}$、$C_{ib,t}$ 分别为第 i 个系统组件第 t 年的收益和运营成本；$C_{ib,t}$ 为第 i 个系统组件，即第 i 个综合能源子系统，第 t 年的运营成本；m 为系统全寿命周期；k 为利润分成比例。

（3）合作投资 + 合作运营

该模式下，多个主体合作共同负责综合能源系统的投资和运营，并共享系统收益。合作机制分为约定各主体投资模块和投资比例两种。

约定各主体投资模块的模式下，各参与主体的总成本为：

$$C_j = C_{ja} + C_{jb} \qquad (2-83)$$

$$C_{ja} = \sum_{i=1}^{n} C_{jia} \qquad (2-84)$$

$$C_{jb} = \sum_{i=1}^{n} \sum_{t=1}^{m} C_{jib,t} \qquad (2-85)$$

其中，C_j 为第 j 个主体的总成本；C_{ja} 为第 j 个主体投资综合能源系统的总投资成本；C_{jia} 为第 j 个投资主体投资第 i 个系统组件即第 i 个综合能源子系统的投资成本；C_{jb} 为第 j 个主体参与综合能源系统的运营成本；$C_{jib,t}$ 为第 j 个主体运营的第 i 个系统组件第 t 年的运营成本；m 为系统全寿命周期。

约定投资模块模式下，各参与主体的总收益为：

$$I_j = \sum_{i=1}^{n} \sum_{t=1}^{m} I_{ji,t} \qquad (2-86)$$

其中，I_j 为第 j 个主体的总收益；$I_{ji,t}$ 为第 j 个主体投资运营的第 i 个系统组件第 t 年的收益；m 为系统全寿命周期。

约定投资比例模式下，各参与主体的总成本为：

$$C_j = (C_a + C_b) \times k_j \qquad (2-87)$$

$$C_a = \sum_{i=1}^{n} C_{ia} \qquad (2-88)$$

$$C_b = \sum_{i=1}^{n} \sum_{t=1}^{m} C_{ib,t} \qquad (2-89)$$

其中，C_j 表示第 j 个主体的总成本；C_a 为综合能源系统的总投资成本；C_{ia} 为第 i 个系统组件的投资成本；C_b 为综合能源系统的运营成本；$C_{ib,t}$ 为第 i 个系统组件第 t 年的运营成本；m 为系统全寿命周期；k_j 为第 j 个主体的投资占比。

约定投资比例模式下，各参与主体的总收益为：

$$I_j = \sum_{i=1}^{n} \sum_{t=1}^{m} I_{ji,t} \times k_j \qquad (2-90)$$

其中，I_j 为第 j 个主体总收益；$I_{i,t}$ 为第 i 个系统组件第 t 年的收益；m 为系统全寿命周期；k_j 为第 j 个参与主体的投资占比。

（4）合作投资 + 委托运营

该模式下，多个主体合作共同负责综合能源系统的投资；系统运营委托第三方运营单位负责，并按比例获取系统运营收益。投资阶段的合作机制分为约定各主体投资模块和投资比例两种。

约定投资模块的模式下，各参与主体的总成本即为投资成本。

$$C_j = C_{ja} \qquad (2-91)$$

$$C_{ja} = \sum_{i=1}^{n} C_{jia} \qquad (2-92)$$

其中，C_j 为第 j 个主体的总成本；C_{ja} 为第 j 个主体投资综合能源系统的总投资成本；C_{jia} 为第 j 个主体投资第 i 个系统组件的投资成本。

约定投资模块模式下，参与主体的总收益为：

$$I_j = \sum_{t=1}^{m} \left(\sum_{i=1}^{n} I_{ji,t} - \sum_{i=1}^{n} C_{jib,t} \right) \times k \qquad (2-93)$$

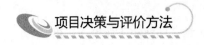

其中，I_j 为第 j 个主体的收益；$I_{ji,t}$、$C_{jib,t}$ 为第 j 个主体投资的第 i 个系统组件第 t 年的收益和运营成本；m 为系统全寿命周期；k 为利润分成比例。

约定投资比例模式下，各主体的总成本为：

$$C_j = C_a \times k_j \qquad (2-94)$$

$$C_a = \sum_{i=1}^{n} C_{ia} \qquad (2-95)$$

其中，C_j 为第 j 个主体的总成本；C_a 为综合能源系统总投资成本；C_{ia} 为第 i 个系统组件的投资成本；k_j 为第 j 个主体的投资占比。

约定投资比例模式下，各主体的总收益为：

$$I_j = I \times k_j \qquad (2-96)$$

$$I = \sum_{t=1}^{m} \left(\sum_{i=1}^{n} I_{i,t} - \sum_{i=1}^{n} C_{ib,t} \right) \times k \qquad (2-97)$$

其中，I_j 为第 j 个主体总收益；k_j 为第 j 个主体的投资占比；$I_{i,t}$ 为第 i 个系统组件第 t 年的收益；$C_{ib,t}$ 为第 i 个系统组件，即第 i 个综合能源子系统，第 t 年的运营成本；m 为系统全寿命周期；k 为利润分成比例。

3）综合能源系统经济效益分析方法

通过对各种模式下的成本收益进行量化分析，进而可以根据经济效益相关指标判断方案的可行性，本书主要采用以下几种基本的财务评价方法进行项目效益分析。

（1）净现值

净现值是项目投资评价中的关键性指标之一，也是目前各行业在投资决策中运用最广泛的决策方法，可以反映项目经营状况，且在计算时充分考虑了资金的时间价值，将投资收益用货币量直观地体现出来。净现值是项目生命周期内年度现金流量依据预定的基准折现率折算到计算基期的现值之和，即整个周期内现金流入量（CI）与现金流出量（CO）的差额，计算公式如下：

$$NPV = \sum_{t=0}^{n} (CI - CO)_t (1+i)^{-t} \qquad (2-98)$$

其中，NPV 表示净现值；

　　　　CI 为计算期内各期现金流入量；

　　　　CO 为计算期内各期现金流出量；

　　　　n 为计算期；

　　　　i 为基准折现率。

若净现值大于零，则表明项目收益情况良好，项目现金流入大于流出，能获得高于预期水平的收益率；若净现值等于零，则表明项目现金流入等于流出，刚好能获得预期水平的收益率；若净现值小于零，则表明项目收益情况差，项目现金流入小于流出，无法达到预期的收益水平。$NPV \geq 0$，表明该投资方案可行，可以投资此项目；$NPV < 0$，表明该投资方案不可行，不可投资此项目；NPV 越高，投资方案收益情况越好。

（2）内部收益率

内部收益率（Internal Rateof Return，IRR）是指在项目投资有效期内，净现值为零时的折现率，即未来现金流入现值恰好与未来现金流出量现值相等的折现率。内部收益率表示的是项目收益能承受通货膨胀的能力，或可承受的最大贷款利率、贷款利息上浮值。计算公式如下：

$$\sum_{t=0}^{n} (CI - CO)_t (1 + IRR)^{-t} = 0 \qquad (2-99)$$

其中：IRR 为内部收益率；

　　　　CI 为计算期内各期现金流入量；

　　　　CO 为计算期内各期现金流出量；

　　　　n 为计算期。

由内部收益率的经济含义和计算公式可以看出，IRR 值越大，投资方案盈利能力越强。若内部收益率大于或等于预先设定的基准收益率，则表明从经济角度看，该项目可行，可以投资；若内部收益率小于预先设定的基准收益率，则表明从经济角度看，该项目不可行，应拒绝投资。

（3）动态投资回收期

动态投资回收期是将资金的时间价值考虑在内后回收项目初始投入资金现值所需的时间，即项目累计净现值由负数转正的年份数，计算公式如下：

$$\sum_{t=0}^{P_t} (CI - CO)_t (1 + i_c)^{-t} = 0 \qquad (2-100)$$

其中，P_t 表示动态投资回收期；

CI 表示计算期内各期现金流入量；

CO 表示计算期内各期现金流出量；

i_c 表示基准收益率。

将动态投资回收期与项目寿命期做对比，回收期小于寿命期，则表明可在项目寿命期内回收初始投资成本，可以考虑此投资方案；若回收期大于寿命期，则表明在项目寿命期内无法回收初始投资成本，该投资方案不可行；投资者希望项目尽早地收回投资，即回收期越短越有利。

2.6.3 算例分析

1）案例背景及基本参数

园区 A 位于我国华南地区，是一个多元产业的经济开发区，园区采用综合能源系统供能方式。系统参与主体为国家电网公司、分布式光伏发电企业和天然气企业，系统主要由配电网、分布式光伏、储能电站、CCHP系统、天然气和热力管道及信息平台等构成，可以为园区供电、供热、供冷、供气，同时提供用能管理服务。系统通过自发电量和外购电保障园区用电需求，热能由 CCHP 机组和市政热力供应，冷负荷由电制冷形式供应，天然气通过外购气供应。案例数据源于文献，园区 A 综合能源系统基础设施建设规模如表 2-6 所示。

表 2-6　园区 A 综合能源系统基础设施建设规模

项目名称	建设规模	备注
配电网	变电站及配电配套工程	
分布式光伏	30MW	
储能电站	6MWh	
CCHP	20MW	
智能终端信息平台	一套	

基于园区 A 综合能源系统，分别对独立投资＋独立运营、独立投资＋委托运营、合作投资＋合作运营、合作投资＋委托运营四种投资运营模式对国家电网公司、分布式光伏发电企业、天然气企业三个参与主体的适用程度进行分析，从适用程度的维度分别对各主体进行模式优选。对于参与主体来说，运营模式的选取对其收益影响很大，因此本书从参与主体和运营模式两个角度入手，基于参与主体分别在不同运营模式下的成本效益进行测算和分析，从经济效益维度分别对三个参与主体进行模式优选，最后综合两个维度分别给出最终选择的模式。

（1）项目总体基本参数

项目总体基本参数如表 2 - 7 所示。

表 2 - 7　项目总体基本参数

基本参数	数值	单位
基准折现率	8%	
基本预备费率	10%	
委托运营计提收益比率	70%	
所得税税率	25%	
增值税税率	17%	
附加税税率	10%	
固定资产残值率	3%	
折旧年限	20	年
全生命周期	20	年

（2）主动配电网

主动配电网基本参数如表 2 - 8 所示。

表 2 - 8　主动配电网基本参数

基本参数	数值	单位
初始投资总价	20 000	万元
逐年运维费率增长率	0.5%	
输配电价（110kV）	0.113 8	元/（kW·h）
输配电价（10kV）	0.153 8	元/（kW·h）
过网费（10kV）	0.04	元/（kW·h）
区域总负荷（10kV）	44 850	万 kW

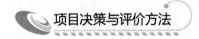

（3）分布式光伏

分布式光伏基本参数如表2-9所示。

表2-9　分布式光伏基本参数

基本参数	数值	单位
初始投资总价	6	元/W
装机容量	30	MW
自用电电价	0.549 3	元/（kW·h）
自用电比例	100%	
余量上网电价	0.393 2	元/（kW·h）
政府补贴	0.247 3	元/（kW·h）
逐年运维费率增长率	0.2%	
年出力小时数	1 055	h

（4）储能电站

储能电站基本参数如表2-10所示。

表2-10　储能电站基本参数

基本参数	数值	单位
装机容量	6	MW
单位造价	1 500	元/（kW·h）
年运维费率	4%	
逐年运维费率增长率	3%	
高峰时段电价	0.947 7	元/（kW·h）
低峰时段电价	0.325 1	元/（kW·h）
差价	0.622 6	元/（kW·h）
系统使用效率	90%	
年运行天数	350	天

（5）CCHP

CCHP 基本参数如表 2-11 所示。

表 2-11　CCHP 基本参数

基本参数	数值	单位
分布式燃机单位造价	0.88	万元/kW
装机容量	20.00	MW
到厂含税天然气价格	2.15	元/m^3
发电气耗	165	Nm^3/（MW·h）
设备年利用小时数	5 650	h
供热气耗	30.53	Nm^3/GJ
含税出厂热价	87.95	元/GJ
供热量	912 000	GJ/年
水价格	1.7	元/m^3
耗水量	426 518.3	m^3/年
逐年运维费率增长率	0.6%	
用户售电均价	0.549 3	元/（kW·h）
上网电价	0.393 2	元/（kW·h）
交易电价		
综合厂用电率	3.1%	
发电上网比例	0	
发电直售用户比例	100%	
采暖供热比例	0	
工业供热比例	100%	

（6）天然气管网

天然气管网基本参数如表 2-12 所示。

表 2-12　天然气管网基本参数

基本参数	数值	单位
初始投资总价	800	万元
燃气价格	2.15	元/m^3
供气价格	3.71	元/m^3
区域总负荷	511.1	万 Nm^3

（7）热力管网及其他

天然气管网基本参数如表 2-13 所示。

表 2-13　天然气管网基本参数

基本参数	数值	单位
初始投资总价	2 400	万元
年运维费用		
热负荷	58	t/h
政府性基金及附加	0.030 9	元/（kW·h）

（8）运维费率

在不同投资运营主体下，综合能源系统各组件运维费率有所差别，通过上文对各主体内外部环境的分析，参考现有文献，结合实际项目现状，笔者汇总了不同运营主体针对不同系统组件的运维费率，如表 2-14 所示。

表 2-14　各主体运营各系统组件的运维费率

系统组件	运营主体			
	国家 电网公司	分布式光伏 发电企业	天然气 企业	第三方 运营单位
主动配电网	5%	6%	8%	6%
分布式光伏	1.50%	1.20%	2%	1.50%
储能电站	4%	4%	4%	4%
CCHP	1.2%	1.3%	1.50%	1.25%
天然气管网	8%	8%	6%	7%
热力管网及其他	10%	10%	8%	9%
智能终端信息管理系统	3%	3%	3%	1%

2）基于主体特征的运营模式适用程度分析

基于案例背景，本书利用德尔菲法，选取 20 个相关行业内各领域的专家，在园区 A 综合能源系统项目背景下，分别对四种投资运营模式保障参与主体的优势程度和弥补参与主体的劣势程度进行打分，优势保障程度和劣势弥补程度越高，表明该模式与主体特征越匹配，即适用程度越高。

运营模式适用程度评语划分为五个级别：非常高、高、一般、低、非常低。按照此评语集，集合 20 位专家以邮寄方式进行投票，模式1—4 分别表示独立投资 + 独立运营、独立投资 + 委托运营、合作投资 + 合作运营、合作投资 + 委托运营，指标 C1—C9 详情如表 2 - 4 所示，运营模式评价指标体系投票结果如表 2 - 15 所示。

表 2 - 15　指标投票结果

| 指标 | 模式 1 | | | | | 模式 2 | | | | | 模式 3 | | | | | 模式 4 | | | | |
---	非常高	高	一般	低	非常低	非常高	高	一般	低	非常低	非常高	高	一般	低	非常低	非常高	高	一般	低	非常低
C1	8	6	3	1	0	1	2	12	4	1	0	2	5	7	6	0	1	5	7	7
C2	11	7	1	1	0	1	0	4	8	7	6	9	3	2	0	0	1	6	5	8
C3	9	8	3	0	0	0	2	5	5	8	8	7	2	1	2	0	0	4	7	9
C4	7	6	4	3	0	7	6	4	3	0	9	7	2	2	0	0	1	3	9	7
C5	6	9	4	1	0	2	4	6	6	2	9	7	1	3	0	1	1	4	8	6
C6	9	7	3	1	0	2	1	5	6	6	6	5	5	2	2	1	1	5	8	5
C7	2	2	6	5	5	0	2	4	7	7	11	6	2	0	1	9	7	4	0	0
C8	1	1	5	4	9	0	3	5	5	7	8	7	3	1	0	8	7	4	1	0
C9	2	2	5	7	4	5	6	5	2	2	8	1	1	0		9	8	1	2	0

根据专家打分表建立模糊关系矩阵，然后与权重向量相乘，最终得到各种模式对参与主体的适用程度评价矩阵。

（1）国家电网公司

$$\overline{A}_{D1} = (0.363\ 2\quad 0.282\ 7\quad 0.166\ 6\quad 0.111\ 8\quad 0.072\ 5)\qquad(2-101)$$

$$\overline{A}_{D2} = (0.096\ 8\quad 0.119\ 6\quad 0.246\ 2\quad 0.293\ 1\quad 0.244\ 5)\qquad(2-102)$$

$$\overline{A}_{D3} = (0.359\ 1\quad 0.340\ 7\quad 0.140\ 5\quad 0.100\ 1\quad 0.055\ 7)\qquad(2-103)$$

$$\overline{A}_{D4} = (0.112\ 5\quad 0.124\ 3\quad 0.220\ 6\quad 0.258\ 2\quad 0.284\ 4)\qquad(2-104)$$

$\overline{A}_{D1}$ — $\overline{A}_{D4}$ 分别表示独立投资 + 独立运营、独立投资 + 委托运营、合作投资 + 合作运营、合作投资 + 委托运营四种模式在此项目中对国家电网公司的适用程度评价矩阵。结合最大隶属度原则，对于国家电网公司来说，独立投资 + 独立运营与合作投资 + 合作运营两种模式的适用程度非常高，独立投资 + 委托运营模式的适用程度较差，合作投资 + 委托运营模式非常

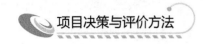

不适用。在模式选择时，应优先选择适用程度非常高的模式，对于国家电网公司来说，可以选择独立投资＋独立运营和合作投资＋合作运营模式，这两种模式对应的评级结果分别是 0. 363 2 和 0. 359 1，所以从适用程度出发应选择独立投资＋独立运营模式。

（2）分布式光伏发电企业

$$\overline{A}_{G1} = (0.309\ 7 \quad 0.253\ 1 \quad 0.183\ 7 \quad 0.126\ 2 \quad 0.124\ 5) \qquad (2-105)$$

$$\overline{A}_{G2} = (0.113\ 0 \quad 0.139\ 1 \quad 0.245\ 8 \quad 0.278\ 7 \quad 0.223\ 4) \qquad (2-106)$$

$$\overline{A}_{G3} = (0.370\ 2 \quad 0.323\ 5 \quad 0.163\ 3 \quad 0.093\ 2 \quad 0.049\ 6) \qquad (2-107)$$

$$\overline{A}_{G4} = (0.155\ 2 \quad 0.154\ 5 \quad 0.206\ 0 \quad 0.265\ 9 \quad 0.218\ 3) \qquad (2-108)$$

$\overline{A}_{G1}$ — $\overline{A}_{G4}$ 分别表示独立投资＋独立运营、独立投资＋委托运营、合作投资＋合作运营、合作投资＋委托运营四种模式在此项目中对分布式光伏发电企业的适用程度评价矩阵。结合最大隶属度原则，对于分布式光伏发电企业来说，独立投资＋独立运营与合作投资＋合作运营两种模式的适用程度非常高，独立投资＋委托运营模式的适用程度较差，合作投资＋委托运营模式较不适用。在模式选择时，应优先选择适用程度非常高的模式，对于分布式光伏发电企业来说，可以选择独立投资＋独立运营和合作投资＋合作运营模式，这两种模式对应的评级结果分别是 0. 309 7 和 0. 370 2，所以从适用程度出发应选择合作投资＋合作运营模式。

（3）天然气企业

$$\overline{A}_{T1} = (0.255\ 2 \quad 0.287\ 7 \quad 0.200\ 3 \quad 0.126\ 3 \quad 0.126\ 6) \qquad (2-109)$$

$$\overline{A}_{T2} = (0.119\ 2 \quad 0.166\ 4 \quad 0.249\ 7 \quad 0.261\ 4 \quad 0.203\ 4) \qquad (2-110)$$

$$\overline{A}_{T3} = (0.383\ 9 \quad 0.315\ 6 \quad 0.148\ 3 \quad 0.095\ 3 \quad 0.056\ 9) \qquad (2-111)$$

$$\overline{A}_{T4} = (0.146\ 4 \quad 0.150\ 5 \quad 0.193\ 3 \quad 0.274\ 4 \quad 0.235\ 4) \qquad (2-112)$$

$\overline{A}_{T1}$ — $\overline{A}_{T4}$ 分别表示独立投资＋独立运营、独立投资＋委托运营、合作投资＋合作运营、合作投资＋委托运营四种模式在此项目中对天然气企业的适用程度评价矩阵。结合最大隶属度原则，对于天然气公司来说，独立投资＋独立运营模式的适用程度较高，独立投资＋委托运营模式的适用程度较差，合作投资＋合作运营模式的适用程度非常高，合作投资＋委托运营模式较不适用。在模式选择时应优先选择适用程度非常高的模式，对于天然气公司来说，从适用程度出发应选择合作投资 + 合作运营模式。

3）基于主体特征的系统成本效益分析

（1）独立投资 + 独立运营模式

国家电网公司投资运营园区 A 综合能源系统的成本效益分析如下。在独立投资 + 独立运营模式下，当国家电网公司作为系统投资运营主体负责园区综合能源系统的整体建造和运营时，由于电网主体在配网方面有人才、技术和维护经验的优势，所以运维费率相对较低；而在配电网、CCHP、燃气等方面技术、管理经验不足，缺乏专业人才支撑，因此运维费率相对较高。在电网投资和运营下，园区 A 综合能源系统主要效益指标如表 2 – 16 所示。

表 2 – 16　独立投资 + 独立运营模式下电网主体的效益指标

指标	数值	单位
初始总投资	59 700	万元
运维成本（运营期平均值）	12 722.29	万元
总收益（运营期总额）	425 718.49	万元
年平均利润额（运营期平均值）	4 703.04	万元
利润总额（运营期总额）	94 060.77	万元
财务净现值（税后）	12 374.17	万元
内部收益率（税后）	10.87%	
财务净现值（税前）	23 107.48	万元
内部收益率（税前）	13.23%	
静态投资回收期	9.04	年
动态投资回收期	14.44	年

由表 2 – 16 可以看出，国家电网公司在独立投资 + 独立运营模式下，初始总投资为 59 700 万元，运营期年均运维成本为 12 722.29 万元，运营期总收益为 425 718.49 万元，利润总额为 94 060.77 万元，财务净现值（税后）为 12 374.17 万元，动态投资回收期为 14.44 年，能够在运营期内回收成本，内部收益率（税后）为 10.87%，大于基准收益率 8%，效益良好。

分布式光伏发电企业投资运营园区 A 综合能源系统的成本效益分析如下。在独立投资 + 独立运营模式下，当分布式光伏发电企业作为系统投资

运营主体负责园区综合能源系统的整体建造和运营时，由于分布式光伏发电企业在光伏发电方面有人才、技术和维护经验的优势，所以运维费率相对较低；而在光伏、CCHP、燃气方面技术、管理经验不足，缺乏专业人才支撑，因此运维费率相对较高。在分布式光伏发电企业投资和运营下，园区 A 综合能源系统主要效益指标如表 2-17 所示。

表 2-17　独立投资+独立运营模式下光伏主体效益指标

指标	数值	单位
初始总投资	59 700	万元
运维成本（运营期平均值）	12 900.74	万元
总收益（运营期总额）	425 718.49	万元
利润总额（运营期总额）	90 491.71	万元
年平均利润额（运营期平均值）	4 524.59	万元
财务净现值（税后）	11 175.00	万元
内部收益率（税后）	10.61%	
财务净现值（税前）	21 508.58	万元
内部收益率（税前）	12.89%	
静态投资回收期	9.18	年
动态投资回收期	14.86	年

由表 2-17 可以看出，光伏主体在独立投资+独立运营模式下，初始总投资为 59 700 万元，运营期年均运维成本为 12 900.74 万元，运营期总收益为 425 718.49 万元，利润总额为 90 491.71 万元，财务净现值（税后）为 11 175.00 万元，动态投资回收期为 14.86 年，能够在运营期内回收成本，内部收益率（税后）为 10.61%，大于基准收益率 8%，效益良好。

天然气企业投资运营园区 A 综合能源系统成本效益分析。在独立投资+独立运营模式下，当天然气企业作为系统投资运营主体负责园区综合能源系统的整体建造和运营时，由于天然气企业在燃气供应运营方面有人才、技术和维护经验的优势，所以运维费率相对较低；而在电力方面技术、管理经验不足，缺乏专业人才支撑，因此运维费率相对较高。在天然气企业投资和运营下，园区 A 综合能源系统主要效益指标如表 2 – 18 所示。

表 2 – 18　独立投资 + 独立运营模式下天然气主体效益指标

指标	数值	单位
初始总投资	59 700	万元
运维成本（运营期平均值）	13 505.79	万元
总收益（运营期总额）	425 718.49	万元
利润总额（运营期总额）	78 390.70	万元
年平均利润额（运营期平均值）	3 919.54	万元
财务净现值（税后）	7 093.37	万元
内部收益率（税后）	9.68%	
财务净现值（税前）	16 066.41	万元
内部收益率（税前）	11.71%	
静态投资回收期	9.72	年
动态投资回收期	16.61	年

由表 2 – 18 可以看出，天然气企业在独立投资 + 独立运营模式下，初始总投资为 59 700 万元，运营期年均运维成本为 13 505.79 万元，运营期总收益为 425 718.49 万元，利润总额为 78 390.70 万元，财务净现值（税后）为 7 093.37 万元，动态投资回收期为 16.61 年，投资回收期较长；内部收益率（税后）为 9.68%，大于基准收益率 8%，效益良好。

（2）独立投资 + 委托运营模式

在此模式下，国家电网公司、分布式光伏发电企业和天然气企业可分别独立投资园区 A 的综合能源系统，系统建成后移交第三方运营单位承接；在投资阶段，针对于园区 A 综合能源系统，投资总额是一定的，运营部分由第三方负责按利润的 30% 计费，因此在此模式下，各主体成本效益基本相同；运营单位对综合能源系统各组件的运维管理水平处于平均状态，但对系统整体智能信息服务系统有更好的运营管理经验。在此模式中，各参与主体经济效益如表 2 – 19 所示。

表 2-19   独立投资＋委托运营模式下参与主体效益指标

指标	数值	单位
初始总投资	59 700	万元
总收益（运营期总额）	120 823.45	万元
利润总额（运营期总额）	43 611.45	万元
年平均利润额（运营期平均值）	2 180.57	万元
财务净现值（税后）	−5 207.43	万元
内部收益率（税后）	6.70%	
财务净现值（税前）	−216.06	万元
内部收益率（税前）	7.95%	
静态投资回收期	11.82	
动态投资回收期	无法回收	

由表 2-19 可以看出，各主体在独立投资＋委托运营模式下，初始总投资为 59 700 万元，运营期总收益为 120 823.45 万元，利润总额为 43 611.45 万元，财务净现值（税后）为负，在运营期内无法回收全部投资；内部收益率（税后）为 6.70%，小于基准收益率 8%，三个参与主体在此模式下都不能获利。

（3）合作投资＋合作运营模式

在此模式下，国家电网公司、分布式光伏发电企业和天然气企业共同投资运营园区 A 的综合能源系统，本书以系统组件为基础建立合作机制，如表 2-20 所示。基于系统组件各主体在业务能力较强的领域参与投资，

表 2-20   系统各部分投资和运营主体

综合能源系统组件	投资主体			运营主体		
	国家电网公司	分布式光伏发电企业	天然气企业	国家电网公司	分布式光伏发电企业	天然气企业
主动配电网	√			√		
分布式光伏		√			√	
储能电站		√			√	
CCHP	√			√		
天然气管网			√			√
热力管网及其他			√			√
智能终端信息管理系统	√			√		

以谁投资谁运营的原则共同运营。国家电网公司负责综合能源系统中主动配电网、CCHP 组件热力管网和智能终端信息管理系统的投资和运营，分布式光伏发电企业负责园区 A 综合能源系统分布式光伏组件和储能电站的投资和运营，天然气企业负责园区天然气管道的投资运营。

此模式下，各参与主体的成本效益分析如下。

①国家电网公司成本效益分析。

表 2 - 21　合作投资 + 合作运营模式下电网主体效益指标

指标	数值	单位
初始总投资	40 000	万元
运维成本（运营期平均值）	11 194.65	万元
总收益（运营期总额）	326 513.76	万元
利润总额（运营期总额）	50 887.35	万元
年平均利润额（运营期平均值）	2 544.37	万元
财务净现值（税后）	4 174.34	万元
内部收益率（税后）	9.48%	
财务净现值（税前）	9 993.65	万元
内部收益率（税前）	11.45%	
静态投资回收期	9.85	年
动态投资回收期	17.05	年

由表 2 - 21 可以看出，国家电网公司在合作投资 + 合作运营模式下，初始总投资为 40 000 万元，运营期年均运维成本为 11 194.65 万元，运营期总收益为 326 513.76 万元，利润总额为 50 887.35 万元，财务净现值（税后）为 4 174.34 万元，动态投资回收期为 17.05 年，内部收益率（税后）为 9.48%，大于基准收益率 8%，效益良好。

②分布式光伏发电企业成本效益分析。

表 2 – 22　合作投资 + 合作运营模式下分布式光伏发电主体效益指标

指标	数值	单位
初始总投资	18 900	万元
运维成本（运营期平均值）	264. 30	万元
总收益（运营期总额）	58 304. 97	万元
利润总额（运营期总额）	28 574. 97	万元
年平均利润额（运营期平均值）	1 428. 75	万元
财务净现值（税后）	3 486. 93	万元
内部收益率（税后）	10. 56%	
财务净现值（税前）	6 741. 41	万元
内部收益率（税前）	12. 83%	
静态投资回收期	9. 22	年
动态投资回收期	14. 94	年

　　由表 2 – 22 可以看出，分布式光伏发电主体在合作投资 + 合作运营模式下，初始总投资为 18 900 万元，运营期年均运维成本为 264. 30 万元，运营期总收益为 58 304. 97 万元，利润总额为 28 574. 97 万元，财务净现值（税后）为 3 486. 93 万元，动态投资回收期为 14. 94 年，内部收益率（税后）为 10. 56%，大于基准收益率 8%，经济效益良好。

　　③天然气企业成本效益分析。

表 2 – 23　合作投资 + 合作运营天然气主体效益指标

指标	数值	单位
初始总投资	3 200	万元
运维成本（运营期平均值）	1 338. 87	万元
总收益（运营期总额）	37 923. 62	万元
利润总额（运营期总额）	7 007. 65	万元
年平均利润额（运营期平均值）	350. 38	万元
财务净现值（税后）	1 326. 28	万元
内部收益率（税后）	13. 56%	

续表

指标	数值	单位
财务净现值（税前）	2 122.60	万元
内部收益率（税前）	16.64%	
静态投资回收期	7.81	年
动态投资回收期	11.23	年

由表 2 - 23 可以看出，天然气企业在合作投资 + 合作运营模式下，初始总投资为 3 200 万元，运营期年均运营成本为 1 338.87 万元，运营期总收益为 37 923.62 万元，利润总额为 7 007.65 万元，财务净现值（税后）为 1 326.28 万元，动态投资回收期为 11.23 年，投资回收期较短；内部收益率（税后）为 13.56%，大于基准收益率 8%，效益很好。

（4）合作投资 + 委托运营模式

在此模式下，国家电网公司、分布式光伏发电企业和天然气企业以投资系统组件为合作机制共同投资园区 A 的综合能源系统，系统建成后移交给第三方运营单位，系统各部分投资和运营的参与主体如表 2 - 24 所示（委托运营费用按利润的 30% 计费）。

表 2 - 24 系统各部分投资和运营的参与主体

综合能源系统组件	投资主体			运营主体
	国家电网公司	分布式光伏发电企业	天然气企业	第三方运营单位
主动配电网	√			√
分布式光伏		√		√
储能电站		√		√
CCHP	√			√
天然气管网			√	√
热力管网及其他			√	√
智能终端信息管理系统	√			√

在合作投资 + 委托运营模式下，国家电网公司负责综合能源系统中主动配电网、CCHP 组件和智能终端信息管理系统的投资，分布式光伏发电

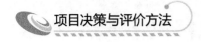

企业负责园区 A 综合能源系统分布式光伏组件和储能电站的投资，天然气企业负责园区天然气管道和热力管网与其他部分的投资，第三方运营单位负责整体综合能源系统的运营管理，各主体参与部分的成本效益分析如下。

①国家电网公司成本效益分析。

表 2 - 25　合作投资 + 委托运营模式下电网主体效益指标

指标	数值	单位
初始总投资	40 000	万元
总收益（运营期总额）	72 225.57	万元
利润总额（运营期总额）	20 492.24	万元
年平均利润额（运营期平均值）	1 024.61	万元
财务净现值（税后）	- 6 446.06	万元
内部收益率（税后）	5.55%	
财务净现值（税前）	- 4 087.43	万元
内部收益率（税前）	6.47%	
静态投资回收期	12.86	年
动态投资回收期	无法回收	年

由表 2 - 25 可以看出，国家电网公司在合作投资 + 委托运营模式下，初始总投资为 40 000 万元，运营期总收益为 72 225.57 万元，利润总额为 20 492.24 万元，财务净现值（税后）为 - 6 446.06 万元，内部收益率（税后）为 5.55%，小于基准收益率 8%，在运营期内无法回收投资成本，应拒绝投资。

②分布式光伏发电企业成本效益分析。

表 2 - 26　合作投资 + 委托运营模式下分布式光伏发电主体效益指标

财务指标	数值	单位
初始总投资	18 900	万元
总收益（运营期总额）	36 342.74	万元
利润总额（运营期总额）	11 898.74	万元

财务指标	数值	单位
年平均利润额（运营期平均值）	594.94	万元
财务净现值（税后）	−2 316.07	万元
内部收益率（税后）	6.16%	
财务净现值（税前）	−958.38	万元
内部收益率（税前）	7.25%	
静态投资回收期	12.30	年
动态投资回收期	无法回收	年

由表 2-26 可以看出，分布式光伏发电企业在合作投资＋委托运营模式下，初始总投资为 18 900 万元，运营期总收益为 36 342.74 万元，利润总额为 11 898.74 万元，财务净现值（税后）为 −2 316.07 万元，内部收益率（税后）为 6.16%，小于基准收益率 8%，在运营期内无法回收投资成本，应拒绝投资。

③天然气企业成本效益分析。

表 2-27 合作投资＋委托运营模式下天然气主体效益指标

财务指标	数值	单位
初始总投资	800	万元
总收益（运营期总额）	10 266.42	万元
利润总额（运营期总额）	9 231.76	万元
年平均利润额（运营期平均值）	461.59	万元
财务净现值（税后）	2 876.74	万元
内部收益率（税后）	49.73%	
财务净现值（税前）	3 925.80	万元
内部收益率（税前）	64.16%	
静态投资回收期	3.01	年
动态投资回收期	3.29	年

由表 2-27 可以看出，天然气企业在合作投资＋委托运营模式下，初始总投资为 800 万元，运营期总收益为 10 266.42 万元，利润总额为 9 231.76 万元，财务净现值（税后）为 2 876.74，内部收益率（税后）为 49.73%，

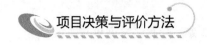

收益较高，3.29 年即可回收成本，可以投资。

综上所述，在园区 A 综合能源系统项目中，独立投资＋独立运营模式和合作投资＋合作运营模式下，国家电网公司、分布式光伏发电企业、天然气企业都可以投资；在独立投资＋委托运营模式下，各主体都应当拒绝投资此项目；在合作投资＋委托运营模式下，天然气企业可以考虑投资，国家电网公司和公布式光伏发电企业应拒绝投资，如表 2 – 28 所示。

表 2 – 28　各主体在不同模式下的投资决策选择

投资运营模式	投资主体		
	国家电网公司	分布式光伏发电公司	天然气企业
独立投资＋独立运营	√	√	√
独立投资＋委托运营			
合作投资＋合作运营	√	√	
合作投资＋委托运营			√

对国家电网公司来说，在独立投资＋独立运营和合作投资＋合作运营模式下可以考虑投资；两种模式下的经济效益指标对比如表 2 – 29 所示。

表 2 – 29　国家电网公司经济指标对比

投资运营模式	国家电网公司		
	内部收益率（IRR）	投资回收期（N）	净现值（NPV）
独立投资＋独立运营	10.87%	14.44 年	12 374.17 万元
合作投资＋合作运营	9.48%	17.05 年	3 364.65 万元

由表 2 – 29 可知，独立投资＋独立运营模式下的净现值明显大于合作投资＋合作运营模式下的净现值；且独立投资＋独立运营模式下的内部收益率较高，表明企业在此模式下收益情况较好；同时，独立投资＋独立运营模式下的投资回收期比合作投资＋合作运营模式下的短，企业能够在相对较短的时间内回收成本，投资风险较低。由图 2 – 10 也可以明显看出，独立投资＋独立运营模式更优化。故从经济效益角度考虑，国家电网公司应选择独立投资＋独立运营模式参与园区 A 的综合能源系统项目。

对分布式光伏发电企业来说，在独立投资＋独立运营和合作投资＋合作运营模式下可以考虑投资；两种模式下的经济指标对比如表 2 – 30 所示。

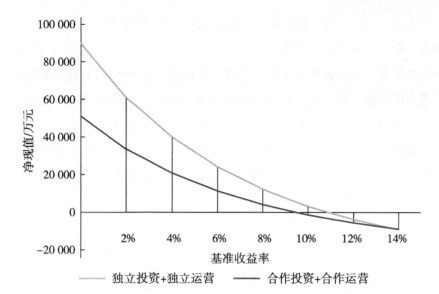

图 2 - 10 电网主体在两种模式下净现值随基准收益率变化曲线图

表 2 - 30 分布式光伏发电企业经济指标对比

投资运营模式	分布式光伏发电企业		
	内部收益率（IRR）	投资回收期（N）	净现值（NPV）
独立投资 + 独立运营	10.61%	14.86 年	11 175.00 万元
合作投资 + 合作运营	10.56%	14.94 年	3 486.93 万元

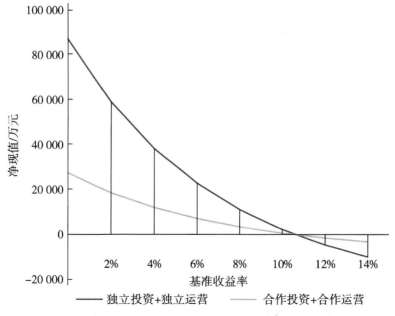

图 2 - 11 光伏主体在两种模式下净现值随基准收益率变化曲线图

由表 2-30 可知，独立投资 + 独立运营模式下的净现值明显大于合作投资 + 合作运营模式下的净现值。由图 2-11 也可以明显看出在 8% 的基准收益率下，独立投资 + 独立运营模式更优化，两种模式下的基准收益率和投资回收期比较接近。从经济效益角度考虑，分布式光伏发电企业应选择独立投资 + 独立运营的模式参与园区 A 的综合能源系统项目。

对天然气企业来说，除独立投资 + 委托运营，其他模式下都可以考虑投资；三种模式下的经济效益指标对比如表 2-31 所示。

表 2-31　天然气企业经济指标对比

投资运营模式	天然气公司		
	内部收益率（IRR）	投资回收期（N）	净现值（NPV）
独立投资 + 独立运营	9.68%	16.61 年	7 093.37 万元
合作投资 + 合作运营	33.39%	4.56 年	6 795.15 万元
合作投资 + 委托运营	22.47%	6.6 年	3 690 万元

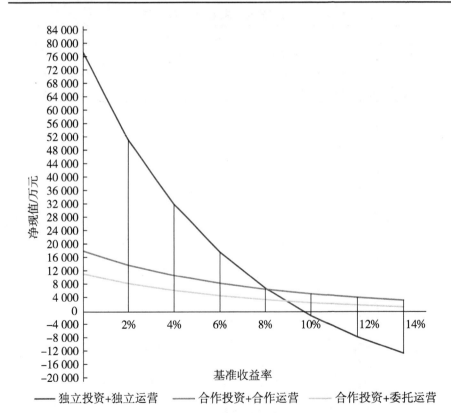

图 2-12　不同模式下净现值随基准收益率变化曲线图

由表 2 - 31 可知，根据净现值的排序为：独立投资 + 独立运营 > 合作投资 + 合作运营 > 合作投资 + 委托运营；根据内部收益率的排序为：合作投资 + 合作运营 > 合作投资 + 委托运营 > 独立投资 + 独立运营；合作投资 + 合作运营与合作投资 + 委托运营两种模式下的初始总投资额相同，由图 2 - 12 可以看出，在 14% 的基准收益率内，前者优于后者；在 8% 的基准收益率水平下，独立投资 + 独立运营模式略优于合作投资运营模式，因此需通过互斥方案必选原则，对独立投资 + 独立运营和合作投资 + 合作运营两种方案进行增量分析。独立投资 + 独立运营、合作投资 + 合作运营分别为方案 A、B，则根据增量净现值法可以得到：

$$\Delta NPV_{A-B} = \sum_{t=0}^{n} \left[(CI_A - CO_A)_t - (CI_B - CO_B)_t \right] (1 + i_o)^{-t} = NPV_A - NPV_B = 298.22 > 0; \Delta IRR_{A-B} = 8.08\% > 8\%$$

根据上述计算结果，天然气企业在独立投资 + 独立运营模式下比合作投资 + 合作运营模式下多投资 56 500 万元，净现值大于零，表明增量投资不仅可以达标，还能获得一定收益，且内部收益率为 8.08%，在 8% 的基准收益率水平下可以进行增量投资，因此在 8% 的基准收益率下应该选择投资额较大的方案，即独立投资 + 独立运营模式；同时，由图 2 - 12 可以看出，当基准收益率大于 9% 时，合作投资运营的模式更佳。

4）参与主体的运营模式优选

综合考虑投资运营模式对参与主体的适用性和不同模式下参与主体的经济效益，可以针对各参与主体做出最优模式选择。

对于国家电网公司来说，在两个维度中，独立投资 + 独立运营都是最优的模式，因此在此算例中，国家电网公司适合以独立投资 + 独立运营模式参与。

对于分布式光伏发电企业，在此案例中，独立投资 + 独立运营和合作投资 + 合作运营两种模式都非常适合，且在这两种模式下都能获得较好的经济效益；但在两个维度中，最优模式选择产生了矛盾，将适用程度评价矩阵评级和净现值分别作为两个维度的评价指标，然后对其进行无量纲化处理，在适用程度和经济效益同样重要的情况下，对两种模式的指标数值分别加权求和，结果表明，独立投资 + 独立运营对分布式光伏发电企业来

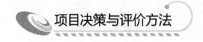

说是最优模式。

对于天然气企业来说，在独立投资＋独立运营、合作投资＋合作运营、合作投资＋委托运营三种模式下，其均可获利，但从适用程度的维度出发，合作投资＋合作运营模式是适用程度最高的模式，因此应选择以合作投资＋合作运营模式参与此项目。

5）发展建议

基于上述算例，针对不同参与主体在综合能源系统领域，给出几点发展建议。

一方面，电网主体作为综合能源系统唯一的投资运营主体，完全负责系统的前期投资建设和后期运营管理，能获得最好的经济效益，且从适用程度角度出发也是最好的选择，因此在长远的战略发展上可以将综合能源系统业务作为一个重点方向；另一方面，国家电网公司在选择合适的投资运营模式的同时，也要进一步推进电网建设，为新能源接入提供便利，保障用户用电需求，推进清洁低碳的环境友好型社会构建；从综合能源系统业务本身出发，国家电网公司要积极拓宽业务范围，注重项目实践，积累系统性、可推广、可复制的管理经验。

分布式光伏发电企业参与综合能源系统项目时，在独立投资＋独立运营模式下能获得较好的经济效益，且该模式的适用程度非常高，但不同的是，分布式光伏发电企业相较于国家电网公司体量较小，综合能源系统业务领域的专业技术和管理经验都处于相对劣势，独立投资运营压力较大；而合作投资＋合作运营模式中，光伏发电企业能够充分地做到扬长避短，选择自身擅长的领域参与，是适用程度最高的模式。规模相对小、资金量不太充足的分布式光伏发电企业，可以考虑先以合作投资＋合作运营的模式参与综合能源系统，在实践中提升企业的综合能力，待时机成熟后，再以最佳的独立投资＋独立运营模式参与，这样可以有效地降低风险，同时有助于企业快速成长。另外，在业务框架上，建议光伏发电企业成立专门针对综合能源系统业务的部门，招揽、培养人才，与其他参与主体建立合作关系，加快补齐企业在冷、暖、气等业务上的短板；同时要加强对智慧能源服务平台的研究，从多角度提升企业竞争力。

　　天然气企业在天然气供应的业务领域拥有绝对优势，在综合能源系统的四种投资运营模式中，除独立投资＋委托运营模式外，其他模式下的经济效益都很好；但在合作模式中，天然气企业可以选择专业性较强的燃气领域参与，能有效地缩短投资回收期，且内部收益率高、抗风险能力高，合作投资＋合作运营模式也是适用程度最高的模式，因此天然气企业应首先以合作投资＋合作运营模式参与综合能源系统投资，在基准收益率下降的情况下，逐步向独立投资＋独立运营模式过渡。另外，天然气企业应发挥天然气领域业务优势，以燃气供能带动整体能源体系的发展，充分利用天然气企业地方化的优势，因地制宜，以点带面地开展综合能源系统业务。另外，要着重加强服务，针对用户定制差异化供能方案和服务体系，进一步扩展客户群体，为发展综合能源系统业务积累用户资源。

03

第 3 章

投资风险量化分析及决策

风险量化是衡量风险概率和风险对项目目标影响程度的过程,往往通过风险及风险的相互作用的估算来评价项目可能出现结果的范围。它依据风险管理计划、风险及风险条件排序表、历史资料、专家判断及其他计划成果,利用灵敏度分析、决策分析与模拟的方法与技术,得到量化序列表、项目确认研究以及所需应急资源等量化结果。

3.1 投资风险概念

3.1.1 投资风险的定义及内涵

投资风险是指由于对未来投资收益的不确定性,在投资中可能会遭受收益损失甚至本金损失的风险,是指投资主体为实现其投资目的而对未来经营、财务活动可能造成的亏损或破产所承担的危险。

投资风险是风险现象在投资过程中的表现。具体来说,投资风险就是从做出投资决策开始到投资期结束这段时间内,由于不可控因素或随机因素的影响,实际投资收益与预期收益相偏离。实际投资收益与预期收益的偏离,既有前者高于后者的可能,也有前者低于后者的可能;或者说既有蒙受经济损失的可能,也有获得额外收益的可能。它们都是投资的风险形式。投资总会伴随着风险,投资的不同阶段有不同的风险,投资风险也会随着投资活动的进展而变化,投资不同阶段的风险性质、风险后果也不一样。投资风险是投资主体决定是否投资所要进行预测分析的最主要内容。投资风险一般具有可预测性差、可补偿性差、风险存在期长、造成的损失

和影响大、不同项目的风险差异大、多种风险因素同时并存且相互交叉组合的特点。

导致投资风险的主要因素有政府政策的变化、管理措施的失误、形成产品成本的重要物资价格大幅度上涨或产品价格大幅度下跌、借款利率急剧上升等。

风险分析能够帮助风险管理者明确风险来源、性质，估计风险对项目的影响程度，判断主要风险可能产生的后果是否可以接受，从宏观上把握项目的可行性，是一项系统性、专业性、科学性和综合性很强的工作。

3.1.2　风险管理过程

风险管理过程包括项目实施全过程的项目风险识别、项目风险评估、项目风险响应和项目风险控制。

1）项目风险识别

项目风险识别的任务是识别项目实施过程中存在哪些风险，其工作程序为：

①收集与项目风险有关的信息；

②确定风险因素；

③编制项目风险识别报告。

2）项目风险评估

项目风险评估包括以下工作：

①利用已有数据资料（主要是类似项目有关风险的历史资料）和相关专业方法来分析各种风险因素发生的概率；

②分析各种风险的损失量，包括可能发生的工期损失、费用损失，以及对工程的质量、功能和使用效果等方面的影响；

③根据各种风险发生的概率和损失量，确定各种风险的风险量和风险等级。

3）项目风险响应

常用的风险对策包括风险规避、减轻、自留、转移及组合等策略。对难以控制的风险，向保险公司投保是风险转移的一种措施。项目风险响应指的是针对项目风险的对策进行风险响应。

项目风险对策应形成风险管理计划，它包括：

①风险管理目标；

②风险管理范围；

③可使用的风险管理方法、工具以及数据来源；

④风险分类和风险排序要求；

⑤风险管理的职责和权限；

⑥风险跟踪的要求；

⑦相应的资源预算。

4）项目风险控制

在项目进展过程中应收集和分析与风险相关的各种信息，预测可能发生的风险，对其进行监控并提出预警。

3.2　投资风险分析方法

3.2.1　投资风险识别方法

投资活动不同，其风险识别的方法就不同；投资活动的阶段不同，其风险识别的方法也不同。为了更好地识别投资风险，风险管理部门往往首先获得具有普遍意义的风险管理资料，然后运用一系列具体的风险识别方法去发现、识别投资风险。

投资风险识别的方法有很多种，主要有流程图法、财务报表分析法、现场调查法、事故树分析法和专家论证法等，这些识别投资风险的方法各具特色，又都具有自身的优势和不足。因此，在具体的投资风险识别中，需要灵活运用各种投资风险识别方法，及时发现各种可能引发风险事故的风险因素。

1）流程图法

流程图法是将风险主体（即投资活动）按照其工作流程以及各个环节

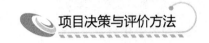

之间的内在逻辑联系绘成流程图，并针对流程中的关键环节和薄弱环节调查风险、识别风险的方法。流程图法是识别投资活动面临潜在损失风险的重要方法，可以帮助风险识别人员了解投资风险所处的具体环节、投资活动各个环节存在的风险以及投资风险的起因和影响。

2）财务报表分析法

财务报表分析法是通过一定的分析方法分析企业的资产负债表、利润表、现金流量表等相关的支持性文件，以评估企业的财务状况，从而识别投资活动的潜在风险。

利用财务报表分析法识别投资风险主要有以下三种方法。

①趋势分析法。趋势分析法是根据风险管理单位连续两期或连续数期的财务报表，将报表中的相同指标进行对比分析，确定指标的增减变动方向、数额和幅度，以反映风险管理单位的财务状况和经营成果的变动趋势，并对其发展前景做出判断。

②比率分析法。比率分析法是将财务报表中相关项目的金额进行对比，计算出相应的财务比率，通过比率之间的比较来说明风险管理单位的发展情况、计划完成情况或者与同行业平均水平的差距。

③因素分析法。因素分析法是依据分析指标和影响因素之间的关系，从数量上确定各因素对指标的影响程度，主要包括差额分析法、指标分解法、连环替代法和定基替代法。

使用财务报表分析法识别投资风险时，需要借助一些财务指标，例如投资报酬率、净资产收益率、股票获利率和长期偿债能力等，这些财务指标是识别投资风险的重要依据。财务报表分析法的优点包括以下几方面。

①财务报表分析法能够识别投资活动的潜在风险。财务报表综合反映了一个单位的财务状况，投资活动中的一些隐含风险可以被反映出来。

②财务报表分析法识别的投资风险具有真实性。财务报表是基于风险管理单位容易得到的资料编制的。这些资料用于风险识别，具有可靠性和客观性的特点。

③财务报表分析法可以为风险融资提供依据。风险单位的投资能力和投资水平会通过财务报表反映出来，这有助于风险管理单位预测风险管理

投资后获得的安全保障水平，可以为风险投资和风险融资提供依据。但是，财务报表分析法识别投资风险也有缺点：首先是专业性强，如果风险管理人员缺乏财务管理的专业知识，就无法识别投资风险；其次是财务报表分析法识别投资风险的基础是财务信息要具有真实性，如果财务报表不真实，就无法识别投资的潜在风险；最后是财务报表分析法识别投资风险需要财务信息具有全面性。

3）现场调查法

现场调查法也是识别投资风险的一种常用方法。现场调查法是风险管理人员亲临现场，通过直接观察风险管理单位的设备、设施、操作和流程等，了解风险管理单位的投资活动，调查其中存在的风险，并出具调查报告书。调查报告书是风险管理单位识别投资风险的重要参考依据。

现场调查法作为识别投资风险的重要方法，在现实中得到广泛的应用。它的优点主要包括：可以获得投资活动的现场调查资料；可以了解风险管理单位的资信状况，避免道德风险的发生；可以防止风险事故的发生，经过具有丰富经验的风险调查员的调查、整修和改造，可以将可能发生的风险消灭在萌芽状态。现场调查法的缺点主要体现在：消耗的时间比较长；成本比较高；调查结果更多地取决于调查人员的风险识别能力和水平。

4）事故树分析法

事故树分析法是识别投资风险的另外一种比较有效的方法，常常能够提供防止风险事故发生的手段和方法。事故树分析法就是从某一事故出发，以图解的方式来表示，运用逻辑推理的方法，寻找引起事故的原因，即从结果推导出引发风险事故的原因。

运用事故树分析法虽然可以识别投资风险，并可以确定减少风险事故的措施，但是，这种方法需要绘制事故树的专门技术，对风险管理人员的要求比较高，同时识别投资风险的管理成本比较高。

5）专家论证法

专家论证法采用匿名发表意见的方式，即专家之间不得互相讨论，不发生横向联系，只能与调查人员联系，将多轮次调查专家对问卷所提问题

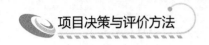

的看法，经过反复征询、归纳、修改，最后汇总成基本一致的看法，作为投资风险识别和预测的结果。这种方法具有广泛的代表性，较为可靠。

专家论证法作为一种主观、定性的方法，能充分发挥各位专家的作用，集思广益，准确性高。但是，这种方法主观性比较强，过程较为复杂，花费时间较长。

除了上面所提到的方法，投资风险的识别还可以用情景分析法、风险因素法、风险损失清单法等方法。

3.2.2　投资风险评估方法

风险评估就是量化测评某一事件或事物带来的影响或损失的可能程度。项目投资风险评估报告是分析确定风险的过程，在国际投资领域中，为减少投资人的投资失误和降低风险，每一次投资活动都必须建立一套科学的、适应自己投资活动特征的理论和方法。项目投资风险评估报告是利用丰富的资料和数据，定性和定量相结合，对投资项目的风险进行全面的分析评价，采取相应的措施去降低、化解、规避风险的途径。投资风险评估常用的方法包括以下三种。

1）风险因素分析法

风险因素分析法是指对可能导致风险发生的因素进行评价、分析，从而确定风险发生概率大小的风险评估方法。其一般思路是：调查风险源→识别风险转化条件→确定转化条件是否具备→估计风险发生的后果→风险评价。

2）定性风险评价法

基于定义的测量尺度，对每一个项目目标存在的每一种风险，评估其发生的可能性和产生的结果。

用可能性－后果矩阵给风险划分等级，矩阵里的位置反映了风险的程度。

定性风险评价法首先要填写风险矩阵，具体如图3－1所示。

可能性尺度定义定性描述如表3－1所示。

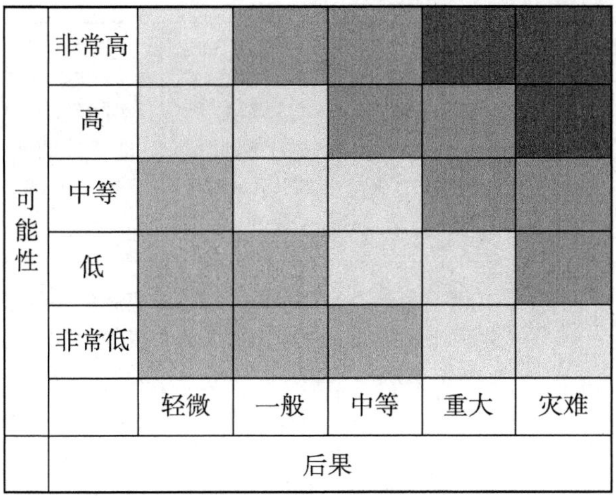

图 3 - 1　风险矩阵

表 3 - 1　可能性尺度定义

项目	非常低（1）	低（2）	中等（3）	高（4）	非常高（5）
概率范围	10% 及以下	10% ~ 20%（含）	20% ~ 50%（含）	50% ~ 70%（含）	70% 以上
等价定性描述	1. 事件几乎不会发生 2. 记录或经验显示在本行业内 3 年以上未发生	1. 事件有可能不发生 2. 记录或经验显示在本行业内 1 ~ 3 年内曾发生	1. 事件有可能发生 2. 记录或经验显示在本行业内每年都会发生	1. 事件很可能发生 2. 记录或经验显示在本行业内每季度都会发生	1. 事件极有可能发生 2. 记录或经验显示在本行业内每月都会发生

后果尺度定义如表 3 - 2 所示。

表 3 - 2　后果尺度定义

目标	轻微（1）	一般（2）	中等（3）	重大（4）	灾难（5）
控制资源	由于掌控资源受限制，实际新增储量比预期降低 10% 及以下	由于掌控资源受限制，实际新增储量比预期降低 10% ~ 20%（含）	由于掌控资源受限制，实际新增储量比预期降低 20% ~ 30%（含）	由于掌控资源受限制，实际新增储量比预期降低 30% ~ 50%（含）	无法控制资源，项目投资失败，或实际新增储量比预期低 50% 以上

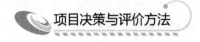

目标	轻微（1）	一般（2）	中等（3）	重大（4）	灾难（5）
核心业务扩张（新建或增加产能）	实际新增产能比预期低10%及以下	实际新增产能比预期低10%～20%（含）	实际新增产能比预期低20%～30%（含）	实际新增产能比预期低30%～50%（含）	实际新增产能比预期低50%以上
新兴行业进入（年销售收入）	实际平均年销售额比预期低10%及以下	实际平均年销售额比预期低10%～20%（含）	实际平均年销售额比预期低20%～30%（含）	实际平均年销售额比预期低30%～50%（含）	实际平均年销售额比预期低50%以上
财务收益率（IRR）	IRR比预期减少3%	IRR比预期减少3%（不含）～5%	IRR比预期减少5%（不含）～10%	IRR比预期减少10%（不含）～20%	IRR比预期减少20%以上
声誉	公众可能会知道该事件，但没有引起公众的关注	引起当地公众的关注；遭到一些投诉；引起媒体或政府的轻微关注	引起区域性公众的关注；遭到大量的投诉；广泛引起地区性媒体的负面关注；引起当地/国内媒体或政府的关注；会对项目运作采取限制措施或影响运营资质	遭到持续的抗议/投诉；广泛引起国内媒体以及地区/国内政府部门的负面关注；可能会对项目运作采取限制措施或影响运营资质	国家或全球媒体负面关注，被相关团体集体施压；对公司在其他国家的项目运作造成负面影响；政府或法律部门采取措施，如停产整顿或者取消运营资质、关闭运营等
安全	需要初级现场急救的时间，不导致工作日损失	初级医疗处理的伤害事件，导致少于5个工作日的损失	需要医疗的疾病/损害，功能受限，导致10个工作日以内的损失	导致部分永久残疾、重伤或5个以上员工生病/导致30个工作日以上的损失	造成死亡或者永久性伤残

目标	轻微（1）	一般（2）	中等（3）	重大（4）	灾难（5）
环保	造成微不足道的经济损失；在项目范围内造成一定的环境影响	造成环境污染（并超出项目范围）；出现一次超过法定或规定的环境排放限额的情况；遭到过一次投诉；对环境没有造成持续影响	排放已知毒性物质造成有限的损失；多次超过法定或规定的环境排放限额或项目要求的排放量	造成多种环境破坏；需要采取大量的措施来修复造成的环境污染，以恢复其原始状态；大幅超过法定或规定的环境排放限额	造成多种持续的环境破坏或损害范围扩散面极大；由于商业或修复工作或生态保护原因，需要进行重大经济赔偿；大幅的持续的超过法定或规定的环境排放限额
合规性					违反中国或项目所在国相关法律法规
资金可承受能力			投资主体无法提供所需资金支持该项目投资	业务中心层面无法提供所需资金支持该项目投资	集团层面无法提供所需资金支持该项目投资

定性方法的不足：识别出的风险事件一般是复杂的，所以直接评估其发生的可能性和影响是有难度的；需要每一个风险之间相互独立的假设经常是不现实的；总风险是所有底层不确定性的综合体现，但由于底层不确定性组合的差异性，使得总风险往往无法准确估计。

3）蒙特卡罗模拟方法

基于可能性的原因以及影响模型描述了总体风险暴露程度和驱动因素（包括事件和因素）的不确定性，蒙特卡罗模拟方法通常被用来分析产生绩效变量的数字可能性分布。

（1）蒙特卡罗模拟方法的原理

由概率定义可知，某事件的概率可以用大量试验中该事件发生的频率来估算，当样本容量足够大时，可以认为该事件的发生频率即为其概率。因此，可以先对影响其可靠度的随机变量进行大量的随机抽样，然后把这些抽样值一组一组地代入功能函数式，确定结构是否失效，最后从中求得结构的失效概率。蒙特卡罗模拟方法正是基于此思路进行分析的。

假设有统计独立的随机变量 X_i（$i = 1，2，3，\cdots，k$），其对应的概率密度函数分别为 $fx_1，fx_2，\cdots，fx_k$，功能函数式为 $Z = g（x_1，x_2，\cdots，x_k）$。

首先根据各随机变量的相应分布，产生 N 组随机数 $x_1，x_2，\cdots，x_k$ 值，计算功能函数值 $Z_i = g（x_1，x_2，\cdots，x_k）$（$i = 1，2，\cdots，N$），若其中有 L 组随机数对应的功能函数值 $Z_i \leqslant 0$，则当 $N \rightarrow \infty$ 时，根据伯努利大数定理及正态随机变量的特性为：结构失效概率，可靠指标。

从蒙特卡罗模拟方法的分析思路可看出，该方法回避了结构可靠度分析中的数学困难，不管状态函数是否非线性、随机变量是否非正态，只要模拟的次数足够多，就可得到一个比较精确的失效概率和可靠度指标。

（2）蒙特卡罗模拟方法的主要特点

使用随机数来解决不确定性问题；以概率为基础，每一个具体数值都具有概率的特征；当所求解问题是某种随机事件出现的概率，或者是某个随机变量的期望值时，运用多次"实验"的方法，以这种事件出现的频率估计这一随机事件的概率，将其作为问题的解。

蒙特卡罗模拟方法的特点与现实中每一事件都具备不确定性的自然规律相符合，因此在投资项目的决策过程中可以发挥重要作用，如计算项目重要经济指标的概率分布区间，将模拟结果与组织的风险偏好相结合，提高项目决策的科学性和有效性；分析出关键风险并制订风险应对策略，以此降低项目风险，保证项目目标的顺利实现。

（3）蒙特卡罗模拟方法的主要流程

国际上常用的风险量化分析方法有风险因素取值评定法、层次分析法、概率树分析、情景分析法以及蒙特卡罗模拟方法等。

随着计算机技术的普及发展以及分析工具的成熟，蒙特卡罗模拟方法在决策分析中得到了普遍的应用，《中央企业全面风险管理指引》中也重点推荐了蒙特卡罗模拟方法。蒙特卡罗模拟方法的主要流程如图 3 - 2 所示。

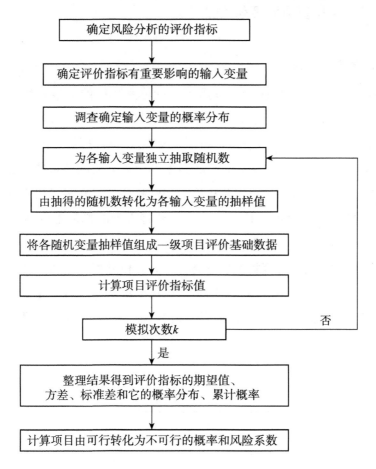

图 3 - 2 蒙特卡罗模拟流程图

（4）蒙特卡罗模拟方法在分析项目评价指标方面的应用

投资项目在决策期间不确定性因素最多，因而风险最大，评估项目决策风险的有效方法之一是通过蒙特卡洛模拟方法来模拟在不确定性情况下项目评价指标（IRR、NPV、项目成本等）的概率分布，作为静态财务评价的扩展，从而做出最优化决策并制订有效的风险管理策略，提高项目决策的科学性和有效性。

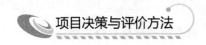

通过分析并量化项目全生命周期中可能影响项目现金流的所有主要风险，计算得出项目投资回报的概率统计分布，辅助决策者做出基于风险的最优化投资决策。

3.2.3　投资风险评价方法

1）层次分析法

层次分析法是一种被广泛应用于指标体系赋权的决策方法。在使用时，要求决策系统满足上层元素对下层元素起支配作用，且处在同一层中的元素之间是彼此独立的假设。将决策系统分为目标层、准则层、方案层，对各层的各元素进行两两打分，判断两个元素之间的重要性程度，得到模糊判断矩阵，计算后可得到单层重要性排序，综合多层权重就可以得到最下层指标对总目标的权重。这是一种将人脑的判断过程数学化的方法，决策思路一目了然，简单易操作。

运用层次分析法计算指标权重时，首先要根据指标之间的优先关系构造判断矩阵，对于上一层某元素而言，根据本层次与之直接相关联元素的重要性确定其相对权值，求解判断矩阵的特征值和特征向量，最后进行一致性检验。

量化比例标度的定义如表 3-3 所示。

表 3-3　量化比例标度

相对重要性权重数	定义
1	同等重要
3	一个因素比另一个因素稍微重要
5	一个因素比另一个因素明显重要
7	一个因素比另一个因素强烈重要
9	一个因素比另一个因素极端重要
2，4，6，8	上述两相邻判断的折中值

2）ANP 方法概述

ANP 方法引入了超矩阵的概念，使层次分析法可以被运用于次级指标更多、结构更为复杂的模型中。AHP 方法建立的是内部独立的递阶层次结构，这导致层次内部元素必须相互独立，而这在现实中是难以实现的。反观 ANP 的网络结构，其不仅能够阐明层次递进关系，也可以对层次内元素的关联进行说明，因此它更合理地反映了复杂系统的功能特点。

ANP 方法首先是将系统元素划分为两大块。第一块叫控制元素层。包括决策者面对的问题和要达成的目标及进行决策时要遵循的准则，所有的决策准则并不是彼此相关、互相影响的，它们是独立的，且只受目标元素的支配。控制元素层中可以缺失决议计划准则，但至少要有一个目的准则。控制层次就是一个典范式 AHP 递进条理布局，所有的准则之间同样不会互相影响，下一级准则只会受上一级准则约束，每个准则的权重的取得均可用传统的 AHP 方法。第二块叫网络层。它的组成部分是全部受控制层安排的因素，因素之间你中有我、我中有你，相互影响安排。不仅如此，因素和布局内部也存在互相作用的现象，递进条理布局的每一个准则所决定的不是一个简单的内部不受外界影响的元素，而是在一个网络结构中，其内部的特点即为彼此作用与安排。

网络层次分析法的基本步骤如下：

①形成元素和元素集，分析并判断出元素层次的内部独立性以及元素之间是否存在依存和反馈。

②构造 ANP 典型结构。

首先是构造控制层次，为决策准则划定界限，然后使用 AHP 方法求各个准则相对于决策目标的权重。

其次是构造网络层次，将所有元素集进行归类后，对网络结构和相互影响关系进行分析。

③构造 ANP 的超矩阵计算权重。

假设控制层中相对目标层 A 的准则为 B，$\cdots$，B_N，网络层有元素集 C_1，C_2，$\cdots$，C_N，C_i 有元素 e_{i1}，$\cdots$，e_{in}，$i = 1$，$\cdots$，N。

第 i 层上所有元素对 j 层的影响作用矩阵如下：

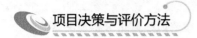
$$
W = \begin{array}{c}
\\
\\
C_1 \\
\\
\\
\\
\\
C_2 \\
\\
\\
\\
\\
C_N \\
\\
\end{array}
\begin{array}{c}
\\
\\
e_{11} \\
e_{12} \\
\vdots \\
e_{1n_1} \\
e_{21} \\
e_{22} \\
\vdots \\
e_{2n_2} \\
\vdots \\
e_{N1} \\
e_{N1} \\
\vdots \\
e_{NN}
\end{array}
\begin{array}{ccccc}
\overbrace{e_{11} \; e_{12} \; \cdots \; e_{1n_1}}^{C_1} & \overbrace{e_{21} \; e_{22} \; \cdots \; e_{2n_2}}^{C_2} & \cdots & \overbrace{e_{N1} \; e_{N2} \; \cdots \; e_{NN}}^{C_N} \\
\\
W_{11} & W_{12} & \cdots & W_{1N} \\
\\
\\
\\
\\
W_{21} & W_{22} & \cdots & W_{2N} \\
\\
\\
\vdots & \vdots & \vdots & \vdots \\
\\
W_{N1} & W_{N2} & \cdots & W_{NN} \\
\\
\end{array}
$$

第 i 层上所有元素对 j 层的影响作用矩阵：

$$
W_{ij} = \begin{bmatrix}
W_{i1}^{(j_1)} & W_{i1}^{(j_2)} & \cdots & W_{i1}^{(j_{nj})} \\
W_{i2}^{(j_1)} & W_{i2}^{(j_2)} & \cdots & W_{i2}^{(j_{nj})} \\
\vdots & & & \vdots \\
W_{in_i}^{(j_1)} & W_{in_i}^{(j_2)} & \cdots & W_{in_i}^{(j_{nj})}
\end{bmatrix}
$$

①超矩阵的每一列，都是通过两两比较而得到的排序向量；

②超矩阵 W 是通过元素两两比较而导出的，矩阵中的每一列都是以某个元素为准则的排序权重；

③将超矩阵的每一列归一化，可以简化计算过程，用加权矩阵实现（$W_{ij} = a_{ij} \omega_{ji}$，即加权矩阵 $a_{ij} \times$ 超矩阵 ω_{ji}）；

④内部独立的层次，除最后一层元素权值不再分配外：$W_{NN} = 1$。其余均为：$W_{ii} = 0$。

3.2.4　投资风险应对方法

在评估了相关的风险之后，管理当局就要制订应对策略。应对包括风险规避、降低、分担和接受。在选择应对方法的过程中，管理当局评估风险的可能性、影响效果以及成本效益，选择能够使剩余风险处于期望的风险容限以内的应对方法。管理当局识别所有可能存在的风险，从主体范围或组合的角度去认识风险，以确定总体剩余风险是否在主体的风险容量之内。

应对风险的措施有四种：规避风险、接受风险、降低风险和分担风险。下面将结合例子进行详细分析。

1）规避风险

通过避免受未来可能发生事件的影响来消除风险。规避风险的办法有以下几种。

通过公司政策、限制性制度和标准，阻止高风险的经营活动、交易行为、财务损失和资产风险的发生。

通过重新定义目标，调整战略及政策，或重新分配资源，停止某些特殊的经营活动。

在确定业务发展和市场扩张目标时，避免出现追逐"偏离战略"的机会。

审查投资方案，避免采取导致低回报、偏离战略，以及承担不可接受的高风险的行动。

通过撤出现有市场或区域，或者通过出售、清算、剥离某个产品组合或业务，来规避风险。

2）接受风险

维持现有的风险水平。具体做法如下。

不采取任何行动，将风险保持在现有水平。

根据市场情况、许可等因素，对产品和服务进行重新定价，从而补偿风险成本。

通过合理设计的组合工具来抵消风险。

3）降低风险

利用政策或措施将风险降低到可接受的水平。方法如下。

将金融资产、实物资产或信息资产分散放置在不同地方，以降低遭受

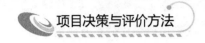

灾难性损失的风险。

借助内部流程或行动，将不良事件发生的可能性降低到可接受的程度，以控制风险。

通过给计划提供支持性证明文件并授权合适的人做出决策，应对偶发事件。必要时，可定期对计划进行检查，边检查边执行。

4）分担风险

将风险转移给资金雄厚的独立机构。例如，保险，在明确的风险战略的指导下，与资金雄厚的独立机构签订保险合同；再保险，如有必要，可与其他保险公司签订合同，以分散投资风险；转移风险，通过结盟或合资，投资于新市场或新产品，从而获取回报；补偿风险，通过与资金雄厚的独立机构签订风险分担合同，来补偿风险。

3.3 投资风险实证

3.3.1 电网投资风险概念

目前，我国的电网格局以区域大电网为主，主要由国家电网公司、南方电网公司与少数地方国家电网公司构成。在以市场化为主导的政策指引下，各省网公司自主经营，作为独立的主体开展相关业务。省网公司的目标是在保证其提供的电力产品和服务优质可靠的前提下，实现企业的价值增值、经济效益最大化、利益相关者效益最大化。然而在完成目标过程中，由于环境的复杂性与不确定性，会遇到很多降低价值和损害效益的风险点。

电网投资的风险特征主要包括以下几方面。

①结构性：电网项目本身具有一定的结构性特征，在建设时间具有递阶性，从而使投资风险具有结构性。

②多样性：电网投资风险的种类多样，例如经济风险、安全风险、政治风险等。

③相关性：电网投资的风险项具有一定的相关性，变量之间并不独立。在实际的系统中，总风险是由各个子风险项交叉影响造成的。

④不确定性：由于风险项具有随机可变性，随着技术的进步、政策的变动、自然灾害等外部因素的影响，会对系统的风险估值结果产生影响。

电网项目的投资风险分析是从项目角度出发的。评估项目投产后由于种种不确定性因素，从而给投资效果的实现带来相关风险，包括给利益相关方带来的经济损失，对国民经济、社会发展、自然环境带来的破坏等。本书针对不同类基建项目的投资，进行了投资风险量化分析，主要目的是研究既定的发展路径下由项目到电网的风险传导机制，从而量化项目投资给电网整体带来的风险。为提高投资效益，可开展风险管理活动以提供支撑。

3.3.2　系统动力学相关理论

系统动力学（System Dynamics，SD）是将系统科学理论与计算机仿真计算相结合，进行系统内部反馈结构与动态行为研究的一门科学，是系统科学理论与管理科学的一个重要领域。在进行系统的分析时，不能孤立地分析 A 与 B 的行为或 A 与 B 的联系来判定整体，而是要充分地把系统作为一个反馈系统才能够得到正确的结果。系统变量随时间的变化是由内部的动态行为造成的，而与系统外的力无关。

通常，模型构建主要从系统内部的微观角度出发，用因果回路图和系统栈流图对变量的钩稽关系进行分析，用结构方程对变量之间的数量关系进行量化，最终用专业软件完成仿真。分析完成了从定性—定量—数学模型—量化结果的展示。其中包含的主要概念有以下三个。

1）因果回路图

因果回路图是基于边界条件的设定，通过分析系统内部的逻辑关系，绘制整体的因果反馈回路。因果回路图包含多个变量，变量之间用标出因果关系的箭头连接。

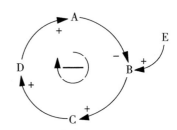

图 3 - 3　系统动力学因果回路图

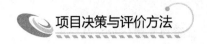

2）系统栈流图与变量

栈流图是在因果反馈回路图的基础上，将系统的各种要素、连接进行抽象化和细化，表示各回路之间连接关系的图示模型，主要包括水平变量、速率变量、辅助变量以及箭头的连接。

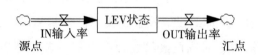

图 3-4　系统动力学栈流图

水平变量（level variable）：又称状态变量，能够决定系统的最终行为。变量状态与时间成线性关系，当前时刻的值由上一阶段的值与时期变化量累加所得。

速率变量（rate variable）：直接改变状态变量数值的变量，能够反映状态变量输入、输出的速度。

辅助变量（auxiliary variable）：辅助变量的值是借助系统中的其他变量推算获得的，不受时间序列的影响。

常量（constant variable）：不随时间改变的量。

外生变量（exogenous variable）：其值随着时间变化，但是这种变化不是由系统的其他变量引起的。

3）系统动力学模型公式

系统动力学模型公式嵌套在模型内部，具体反映模型各种要素之间的因果关系。通常有以下几种常用方程：

（1）水平变量方程

$$IvS(t) = S(t_0) + \int_{t_0}^{t} rateS(t)\mathrm{d}t = S(t_0) + \int_{t_0}^{t} [inflowS(t) - outflowS(t)]\mathrm{d}t$$

$$(3-1)$$

其中，$IvS(t)$ 是 t 时刻水平变量的值，但 $IvS(t)$ 不是关于时间 t 的函数；$rateS(t)$ 是该状态变量变化的速率。

（2）速率方程

$$rateS(t) = g[IvS(t), aux(t), exo(t), const] \qquad (3-2)$$

其中，$rateS(t)$ 是水平变量变化的速率；$IvS(t)$ 是 t 时刻水平变量的值；$aux(t)$ 是辅助变量的值；$exo(t)$ 是外生变量的值；$const$ 是常数。

（3）辅助方程

辅助方程是在反馈系统中描述信息的运算方程。

$$aux(t) = f[IvS(t), aux^*(t), exo(t), const] \qquad (3-3)$$

其中，$aux(t)$ 是辅助变量值；$IvS(t)$ 是 t 时刻水平变量的值；$aux^*(t)$ 是除了待求辅助变量之外的其他辅助变量；$exo(t)$ 是外生变量的值；$const$ 是常数。

3.3.3　系统动力学对电网投资风险研究的适用性

电网投资风险是系统内部因素和外部因素综合影响作用下的动态变化过程，主体与外部环境不断进行生产和资源交换，是一个典型的开放式系统。系统动力学方法具有定性与定量相结合的特征，能够解决复杂的系统问题。本书拟用系统动力学方法对电网投资风险进行分析，方法的适用性如下。

1）电网投资风险的全局性

电网投资建设涉及大量的资源投入和管理组织方法的运用，任何风险因素的出现都会影响整个系统，因此需要从宏观的角度对不同功能类型的项目投资风险进行协调控制。由于电网投资往往不是单一项目，涉及多功能类型项目，因此项目投资风险的观念不是分部分项工程投资风险控制的简单相加，而是更为复杂的非线性时变关系，这种相互关系需要借用定性与定量相结合的方法来分析。

2）电网风险管理的动态性

电网投资项目的风险管理具有错综复杂的关系，不同的风险因素之间并不独立，具有一定的关联性，并且存在着层层反馈的因果关系。因此，在实际风险控制过程中，应随着项目建设的实际情况和外部环境的变化而进行调整策略。利用系统动力学方法能够简化上述问题，客观反映出系统运作的激励，厘清其相互之间的关系。

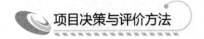

3.3.4 基于系统动力学的电网投资风险量化模型

1) 电网投资风险识别

电网基建项目具有金额数量大、影响时间长、资金回收期短的特点，其面临的不确定因素多，将给经济社会带来巨大影响。国家电网公司越来越注重对投资的风险管理，在收集外部风险信息的基础上，事先进行投资风险模拟，识别风险点、评估风险量，从而对投资方向的选择提供建议，也为电网的发展提供保障。本书定义的电网投资风险是从项目角度出发，项目投产后由于种种不确定性因素，从而可能给投资效果的实现带来的相关风险，包括给投资方带来的经济损失，对国民经济、社会发展、自然环境造成的破坏等。科学地识别电网基建项目投资中存在的各种风险因素是开展风险量化的第一步，这对电网战略目标的实现尤为重要。本节将对电网投资项目的风险进行识别。例如，保市场类项目中满足新增负荷的项目，主要为变电站类项目，其主要目的是提高系统的变电容量与输送电量；保安全类项目，如主网架结构加强类项目主要为输电通道类项目，其主要是对变压器或线路负载率进行加强；保民生类项目，如电铁送电、电源送出类项目主要为配套设施建设类项目，着重考虑对社会整体经济以及环境方面的改善。若基建项目投入后不能对网架整体进行加强，则将带来低效投资甚至无效投资的风险。鉴于分类投资电网项目的特殊性，我们将风险因素归纳总结为安全风险、经济风险、环境风险。

（1）安全风险

电网的首要任务是承担电力的输送分配，因此安全可靠的运行对整个系统至关重要。单个项目的投资会对电网整体产生影响，因此在投资中要充分考虑项目对网架安全影响的风险性。短期规划中，如果所投资的项目电压等级与投资规模不符合，就会造成电网的容量失衡，即出现送/受电的"卡脖子"问题，会对电网的稳定极限和输电能力造成影响。所以在电网投资项目中，基建项目的协调性对系统整体的稳定性有着至关重要的作用。长期规划中，电网基建项目的投资需考虑与地区技术、经济发展以及负荷发展的一致性。在不同区域、不同阶段，负荷增长的情况不同，因此在线路/变电站的投资建设过程中，可能出现容量设计不足的现象。若不能全面考量未来的负荷增长发展，就有可能出现超出容量设计的情况。这一方面给电网的安全稳定运行带来挑战，另一方面，在后期的改造中也会出现重复投资、投资效率低下等问题。

安全风险主要考虑项目投资能否对区域电网系统的供电能力、可靠性、协调性提供加强保障。本书选取供电可靠性、单位线路支撑用电负荷、单位变电支撑用电负荷三个指标来表征由项目投资引起的电网安全风险。

（2）经济风险

国家电网公司作为电网投资建设与经营的主体单位，在不断完善电网构架、满足社会需要的同时，也要关注自身的经济效益。预期投资不能满足经济效益的发展时将产生投资的经济风险。在投资建设初期，会有大量的资金投入。如若对资金量的估算误差较大，不仅会增加企业的负债负担，而且会影响到电网建设项目的正常盈利。在投资决策中，对于未来城市的负荷增长预测结果也会对项目的经济性造成影响。未来的负荷需求将受到社会经济发展各方面的影响，例如国内外的经济形势、产业结构比例、相关节能政策、居民生活水平等。除了资金使用风险、负荷预测风险外，短期的电力市场波动也会对项目经济性产生影响。随着电力市场改革的不断推进，实时的电力市场交易会造成电价的波动，这一方面会影响国家电网公司的收益，另一方面会使得用户的用电需求弹性变化，从而产生风险。

经济风险在单个项目中是营销能力、收益能力、成本控制能力及回避风险能力等的综合体现。较高的盈利水平及盈利的稳定性是项目到期偿还债务的重要保障，对电网整体而言就是自身利润水平、利用效率、社会经济性的体现。因此，本书项目投资的经济风险主要用网损率、最大负荷利用小时数、单位投资售电量、利润及电量增长 GDP 来衡量。

（3）环境风险

作为公用事业的一部分，国家电网公司必须承担某些社会责任。电网

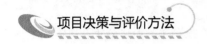

投资如果不能满足预期的减排压力，就会产生投资的风险。2020 年 9 月，中国承诺于 2030 年实现碳达峰，这意味着二氧化碳占 GDP 的比重要较 2005 年下降 65% 以上。鉴于我国仍处于工业化和城市化的中后期，未来经济仍有较高的增长预期，二氧化碳排放短期内还是会有缓慢增长的趋势。双重压力下，电力行业作为国有企业应承担相应的环境保护责任，在未来的发展中应坚持走低碳化发展道路。

因此，在进行电网投资时，势必考虑到由电网项目建设所产生的社会环境风险，从而推动我国低碳环保发展。二氧化碳减排量能够直接体现环境风险值，本书选取二氧化碳减排量作为环境风险表征项。

根据上文的风险识别分析，针对电网基建项目考虑不同功能类别项目在满足功能方面的主要风险项，从安全、经济和环境角度考虑项目评价指标体系的构建。即要通过风险识别，获得可以完全反映电网投资和建设的特定内容和特征的关键技术性能指标，反映投资建设完成后可能面临的风险。

2）电网投资风险量化模型建立

（1）模型边界条件

系统动力学研究的是由系统内部所引起的行为变化，是一种闭合的反馈系统。通常，模型的边界能够反映研究问题的范围，但选取必须适当。如果过大，就使问题研究过于复杂，失去重点；如果边界过小，就可能忽略重要的变量，不能反映真实情况。所以，系统边界因包含适当的变量，可保证系统的正确性。本书研究的是电网投资风险问题，建立的仿真模型边界条件设定如下。

①模型范围。

本书的研究对象为某省份电网，统称 J 省份。对电网保市场类项目、保安全类项目、保民生类项目投资影响仿真系统动力学模型中的风险进行量化，主要分为安全风险、经济风险、环境风险。

②数据来源。

本书建立的电网项目投资风险系统动力学仿真模型中涉及的变量初始值和相关参数测算等数据，均来自国家电网公司统计数据、《J 省统计年鉴》，或根据相关规划文件数据以及国外经验数据进行合理推算得到。

③仿真时间。

由于数据来源的限制，本书基于历史数据建立了电网投资对电网整体风险影响仿真系统动力学模型，历史数据为 2010—2019 年，仿真开始时间为 2020 年，结束时间为 2025 年。

④其他。

本书建立的系统动力学模型从宏观的角度出发，基于电网项目投资，各个风险因素之间相互联系、相互作用，暂不考虑其他外生变量。

（2）系统栈流图及结构方程的构建

电网投资的风险是差异化投资项目相互配合、相互影响所产生的结果，当单个项目投入时，对电网整体的影响是复杂的相互作用的网络关系。如果满足负荷需求的项目投资规模增加，相应地，变电站容量规模和输电线路规模也会增加。在经济层面上，满足了用户的负荷需求，促进售电量的提升，从而提升售电收益；在安全层面上，由于供电能力的改善将提升系统裕度，提高供电可靠性，负荷匹配度的改善也会提高电网的利用效率；在社会层面上，由于负荷的改善提高了电网的售电水平，对当地的GDP 也会产生促进和拉动作用。主网架加强项目进行投资时，会改善网架结构，提升安全水平，优化网络布局、变电容量和线路的结构建设，使输送的电量稳定、充足；同时，要考虑成本约束，以优化投资效益。当网架结构改善时，设备故障率、老化率相应降低，故障检修费用和设备老化费相应减少，安全隐患也会有所减少，这与排除安全隐患类项目是相辅相成的。电铁供电工程效益与铁路自身效益密切相关，电铁供电类项目与电源送出项目在社会层面上为公众提供便利，具有一定的社会意义。

基于上述分析，本书建立了如图 3 - 5 的系统动力学（SD）模型。其中，状态变量包括线路长度、变电容量、负荷、GDP、售电量、新型材料导线；速率变量包括线路长度增量、变电容量增量、负荷增长、GDP 增长量、售电量增长、新增新型材料导线、新型材料导线折旧；辅助变量包括单位线路支撑用电负荷、单位变电支撑用电负荷、供电可靠性、最大负荷利用小时数、新型材料导线投资、单位投资售电量、网损率、利润、供电量、

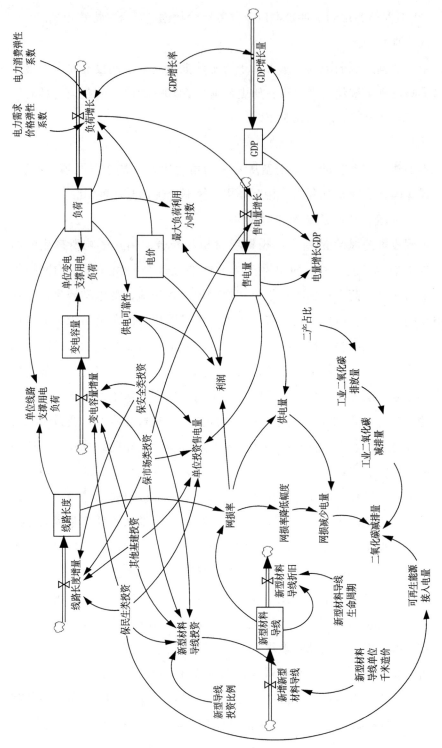

图3-5 电网投资风险SD模型

可再生能源接入电量、工业二氧化碳排放量、工业二氧化碳减排量、二氧化碳减排量；常量包括电力需求价格弹性系数、新型材料导线单位千米造价、新型导线投资比例、新型材料导线生命周期、电价；外生变量包括保安全类投资、保市场类投资、保民生类投资、其他基建投资、二产占比、GDP 增长率、电力消费弹性系数。

①安全风险环节。

a. 供电可靠性。供电可靠性是电网安全运营的重要表征，受到电网投资规模、结构等内在因素以及最大负荷、气候天气等外部因素的影响。保安全类项目的投资将提高电网的供电可靠性。本书将保安全类投资、最大负荷与供电可靠性建立联系，对其进行测算。

$$\rho = a_1 + b_1 \times I_1 + b_2 \times L \tag{3-4}$$

其中，ρ 为电网供电可靠性；I_1 为保安全类投资；L_{max} 为最大负荷；a_1 为常数；b_1 为保安全类投资对供电可靠性的回归系数；b_2 为最大负荷对供电可靠性的回归系数。

b. 单位线路支撑用电负荷。单位线路支撑用电负荷是指最大用电负荷与线路长度的比值，能够衡量电网发展规模的协调性。如果单位线路支撑等效用电负荷和变电支撑等效用电负荷变化较小，就证明电网整体发展与负荷增长基本同步匹配，与国民经济增长保持协调发展并具有适当的裕度。

$$S_N = \frac{L}{N} \tag{3-5}$$

其中，S_N 为单位线路支撑用电负荷；L 为负荷；N 为电网线路长度。

c. 单位变电支撑用电负荷。单位变电支撑用电负荷是最大用电负荷与变电容量的比值。

$$S_U = \frac{L}{U} \tag{3-6}$$

其中，S_U 为单位变电支撑用电负荷；L 为负荷；U 为变电容量。

②经济风险环节。

a. 负荷。负荷增长主要受到两个方面的影响：一是受用户的电力需求价格弹性系数的影响，市场电价的改变会影响到用户的负荷计划；二是受

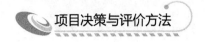

电力消费弹性系数的影响，电力及需求的增长与 GDP 的增长有一定的关联特性。具体公式如下：

$$L = L_0 + \int \Delta L \mathrm{d}t \qquad (3-7)$$

$$\Delta L = L \times V_{\mathrm{GDP}} \times \varepsilon_1 \times K \times \varepsilon_2 \qquad (3-8)$$

其中，ε_1 为电力消费弹性系数；L 为负荷；L_0 为负荷初始值；ΔL 为负荷需求增量；V_{GDP} 为 GDP 增长率；K 为电价；ε_2 为电力需求价格弹性系数。

b. 单位投资售电量。在本书中，单位投资售电量表示售电量与基建投资总额的比值。

$$m_p = \frac{P}{I_1 + I_2 + I_3 + I_4} \qquad (3-9)$$

$$P = P_0 + \int \Delta P \cdot \mathrm{d}t \qquad (3-10)$$

$$\Delta P = a_2 + b_3 \times \Delta L + b_4 \times I_2 \qquad (3-11)$$

其中，m_p 为单位电网资产售电量；P 为电网售电量；I_1 为保安全类投资；I_2 为保市场类投资；I_3 为保民生类投资；I_4 为其他基建投资；P_0 为电网初始售电量；ΔP 为电网售电量增长量；ΔL 为电网负荷增长量；a_2 为常数；b_3 为负荷增长对于售电量增长的回归系数；b_4 为保市场类投资对于售电量增长的回归系数。

c. 最大负荷利用小时数。最大负荷利用小时数可以体现出电网的平均利用程度，其公式为：

$$T = \frac{P}{L} \qquad (3-12)$$

其中，T 为最大负荷利用小时数；P 为电网售电量；L_{Total} 表示电网总负荷。

d. 利润。本书根据历史数据拟合利润与网损率、售电量、电价、可靠性的关系，得到如下方程。

$$TR = a_3 + b_5 \times K \times P + b_6 \times \rho + b_7 \times R \qquad (3-13)$$

其中，TR 为利润；a_3 为常数；b_5 为电价对利润的回归系数；K 为电价；P 为售电量；b_6 为可靠性指数对利润的回归系数；ρ 为可靠性指数；b_7 为网损对利润的回归系数；R 为网损率。

e. 电量增长 GDP。电量增长 GDP 反映了电力供应对于整个国民经济的贡献度。

$$G_c = \Delta P \times \frac{G}{P} \tag{3-14}$$

$$G = G_0 + \int \Delta G \mathrm{d}t \tag{3-15}$$

其中，G_c 为电量增长 GDP；ΔP 为售电量增加值；G 为国民生产总值 GDP；P 为售电量；G_0 为国民生产总值 GDP 初始值；ΔG 为 GDP 增加值。

（3）环境风险项

①新型材料导线。

$$q = q_0 + \int (\Delta q - d)\mathrm{d}t \tag{3-16}$$

$$\Delta q = \frac{I_n}{c} \tag{3-17}$$

$$I = I_s \times \beta_w \tag{3-18}$$

$$d = \frac{q}{Y} \tag{3-19}$$

其中，q 为新型材料导线长度；q_0 为新型材料导线长度初始值；Δq 为新增新型材料导线长度；d 为新型材料导线折旧；I_n 为新型材料导线投资；c 为新型材料导线单位千米造价；I_s 为线损优化投资；β_w 为新型材料导线投资比例；Y 为新型材料导线生命周期。

②网损率。

本书考虑到新型导线材料对网损率降低的影响，建立了如下方程：

$$R(t+1) = R(t)\left(1 - \frac{N(t)}{N_t(t)}\right) \tag{3-20}$$

其中，$R(t+1)$ 为第 $(t+1)$ 年的网损率；$R(t)$ 为第 t 年的网损率；$N(t)$ 为新型材料导线的长度；$N_t(t)$ 为电网线路长度。

③二氧化碳减排量。

二氧化碳减排主要源自可再生能源上网、网损减少量以及工业减排量三部分，查取资料后，将二氧化碳减排量设定为 0.785kg/kWh。

$$ER_{CO_2} = (Q_L + Q_{RG}) \times 0.785 \times 10 + Q_I \tag{3-21}$$

$$Q_{RG} = a_4 + b_6 \times I_3 \tag{3-22}$$

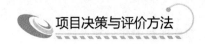

其中，ER_{CO_2} 表示二氧化碳减排量，Q_L 表示网损减少电量，Q_{RG} 表示可再生能源发电量；Q_I 表示工业二氧化碳减排量；a_4 表示常数；b_6 表示保民生投资对可再生能源发电量的回归系数；I_3 表示保民生类投资。

3.3.5 电网投资风险量化模型实证分析

1）模型相关参数设定

本书中的模型参数是基于 J 省的实际发展状况设定的。截至 2010 年底，J 省 GDP 总值为 41 962 亿元，总人口共 7 869 万人，220kV 及以上线路长度 17 245.74km，变电容量总计 28 103.1 万 VA，电网基建投资 195.72 亿元。模型参数初始值及常数设定如表 3 - 4 所示。

表 3 - 4　模型参数初始值及常数设定表

变量名称	初始值	单位
GDP	41 962	亿元
人口	7 869	万人
线路长度	17 245.74	km
变电容量	28 103.1	万 VA
电网基建投资	195.72	亿元
负荷	6 404	万 kW
售电量	3 135	亿 kWh
电力需求价格弹性系数	- 0.3	—
新型材料导线单位千米造价	4	万元/km
新型材料导线投资比例	0.002 5	—
新型材料导线生命周期	10	年

2）表函数设定

（1）电力消费弹性系数

电力消费弹性系数的定义为同一时间段内电力消费量增长率与 GDP 增长率的比值，本书的设定如图 3 - 6 所示。

（2）人口增长率

辅助变量人口依据 J 省历史数据进行设定，设定人口增长率依据自回归差分移动平均模型（ARIMA），计算得到各年度人口增长量，最后得到各年度的人口数量，设定结果如图 3 - 7 所示。

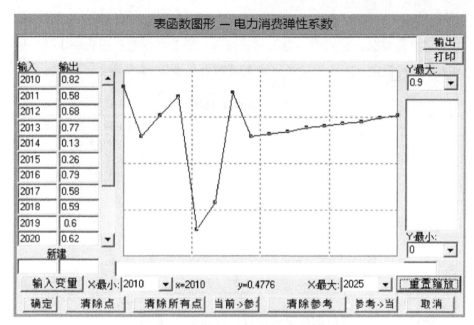

图 3 − 6 J 省电力消费弹性系数设定值

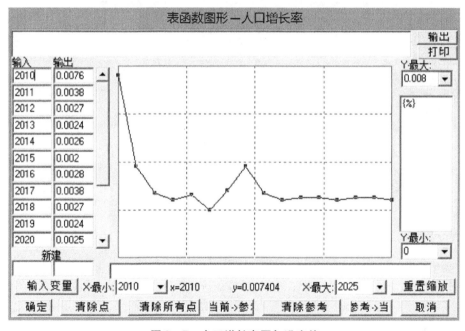

图 3 − 7 人口增长率历年设定值

（3）各类项目投资

2010—2019 年保安全、保市场、保民生类项目投资总额按照实际投资情况进行设定。2020—2025 年按照第三章的发展路径，选取 J 省对应的保安全、保市场、保民生类项目占基建投资的比例进行预测。2020—2025 年的基建投资情况，按照中国电力发展格局与投资规划建议报告中 J 省的规划方案进行设定。2010—2025 年的基建投资如表 3 - 5 所示。

表 3 - 5　J 省基建投资表

年份	J 省基建投资（亿元）	年份	J 省基建投资（亿元）
2010	192.12	2018	357.91
2011	243.72	2019	316.00
2012	275.55	2020	405.76
2013	239.85	2021	415.49
2014	267.85	2022	428.71
2015	290.84	2023	456.68
2016	346.14	2024	464.92
2017	433.45	2025	488.03

据此，对各类项目的投资表函数设置如图 3 - 8 所示。

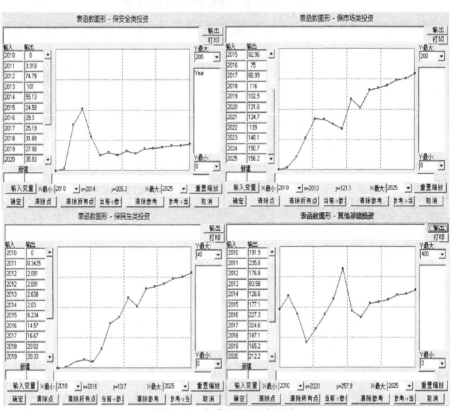

图 3 - 8　各类项目投资设定

3）宏观情景设定

情景分析法能够依据事物的发展状态与情况变化预测未来的发展趋势。本节依据不同的宏观情景对电网投资的风险影响程度不同，将其发展条件进行组合，从而形成多种情景，对每种情景的特点和变化情况分别进行设定。考虑不同情景下的电网投资风险值的波动，可以改善传统风险量化模型结果的单一性，并且由于考虑到事物发展的外部性与多样性，使得量化结果更具可靠性。

（1）GDP

中国经济正处于从快速增长到高质量发展的过渡阶段。几十年间，GDP 增长率逐渐下降。因此，未来各省份的 GDP 增长率也将进入一个较慢的增长期。本书结合 J 省的实际发展情况，对其 2020—2025 年 GDP 的增长率进行了预测。考虑到其时间序列数据平稳，故采用自回归差分移动平均模型（ARIMA）方法分析，预测结果如图 3 – 9 所示，预测的平均绝对百分比误差（MAPE）为 2.48%。本书将历史 GDP 增长率值，作为基础情景的参数设定，并将预测数据中对应的 P10、P50、P90，即最大值、可能值、最小值作为未来悲观情景、基础情景和乐观情景的参数设定。本书所

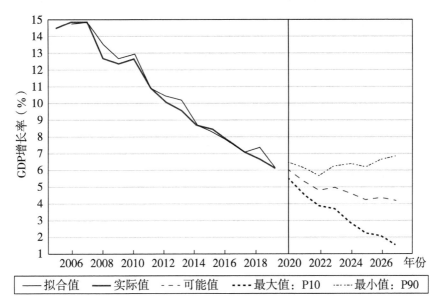

图 3 – 9　GDP 增长率预测图

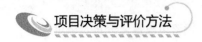
指的乐观情景均站在国家电网公司的角度，是对国家电网公司发展有利的情景。预测情况如图 3 - 9 和表 3 - 6 所示。

表 3 - 6 GDP 增长率设定情景表

年份	悲观情景（%）	基础情景（%）	乐观情景（%）
2020	5. 52	6. 00	6. 48
2021	4. 57	5. 36	6. 16
2022	3. 91	4. 79	5. 67
2023	3. 68	4. 97	6. 25
2024	2. 88	4. 64	6. 40
2025	2. 27	4. 24	6. 20

（2）电价

本书中的电价主要是指针对居民、一般工商业用户、大工业用电用户、农业生产用户的销售电价。目前，电度单价的定价主要由政府制定，因此在不同的地区，其政策的差异性会造成电价的不同。表 3 - 7 展示了 2020 年 J 省的销售电价表。为求取平均销售单价，本书将居民生活用电量、一般工商业用电量、大工业用户用电量、农业生产用户用电量作为权数，求取 J 省的电度单价。

表 3 - 7 J 省 2020 年销售电价表

用电分类		电度单价（元）				
		不满 1kV	1 ~ 10 kV	35 ~ 110 kV	110 kV	220kV 及以上
居民生活用电	年用电量≤2 760kWh	0. 528 3	0. 518 3			
	2 760kWh＜年用电量≤ 4 800kWh	0. 578 3	0. 568 3			
	年用电量＞4 800kWh	0. 828 3	0. 818 3			
	其他居民生活用电	0. 548 3	0. 538 3			
非居民生活用电	一般工商业及其他用电	0. 666 4	0. 641 4	0. 631 4	0. 616 4	
	大工业用电		0. 606 8	0. 596 8	0. 581 8	0. 556 8
	农业生产用电	0. 509	0. 499	0. 493	0. 484	

由于 J 省的整体社会经济水平较高，因此未来在电价政策的制定方面将更多地考虑社会公平、居民生活质量的问题。据此设定未来电价的上涨幅度与 CPI 值同步。本书中，基础情景下的电价在居民生活用电、一般工商业及其他用电的电度单价中 1~10 千伏中的加权平均电价的基础上上涨 2.5%，乐观情景下电价上涨 4%，悲观情景下电价上涨 1.0%。

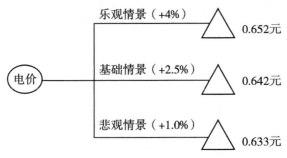

图 3 - 10　电价变动设定情景图

（3）二产占比情况

J 省是工业产值规模位居全国前列的工业大省，"十三五"期间深入推进供给侧结构性改革。在"三去一降一补"的工作安排下，J 省通过培育经济发展新动能来推动省内产业结构优化。因此，地区的能源结构、电力结构调整也势在必行。因此，大背景下第二产业用电量的增速也逐步放缓。表 3 - 8 展示了 J 省 2010—2019 年的二产占比及其增速情况，可以看到占比呈现下降趋势。

表 3 - 8　J 省二产占比及增速表

年份	2010	2011	2012	2013	2014	2015	2016	2017	2018	2019
二产占比（%）	52.50	51.30	50.17	49.20	47.40	45.70	44.73	45.02	44.50	43.53
二产占比增速（%）	—	-2.29	-2.20	-1.94	-3.65	-3.59	-2.12	0.63	-1.15	-2.18

本书依据历史二产占比数据，用 ARIMA 对 2020—2025 年的二产占比进行预测，预测平均绝对百分比误差（MAPE）为 0.87%。并将预测数据中对应的 P10、P50、P90，即最大值、可能值、最小值作为未来悲观情景、基础情景和乐观情景的参数设定。设定情况如图 3 - 11 和表 3 - 9 所示。

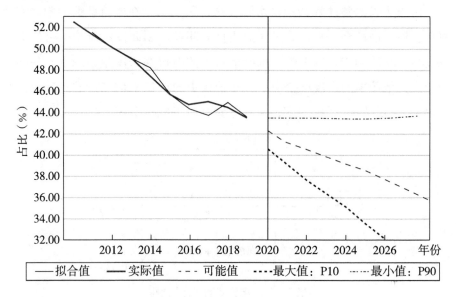

图 3 - 11　二产占比预测图

表 3 - 9　二产占比设定情景表

年份	乐观情景（%）	基础情景（%）	悲观情景（%）
2020	40.57	42.03	43.49
2021	39.17	41.31	43.44
2022	37.77	40.6	43.42
2023	36.38	39.9	43.43
2024	34.97	39.22	43.47
2025	33.54	38.55	43.56

4）模型检验

通常，为了保证模型的真实性与可信度，在进行系统仿真模拟之前需要先对模型的精度进行检验，主要检验模型的行为与实际系统的行为是否具有一致性。将模型中的关键变量预测值与历史实际值进行对比，分析其误差是否处于容错范围内。本书选取的关键变量为网损率、售电量。

表 3 – 10 网损率仿真模拟数据与实际数据对比

年份	实际值（%）	预测值（%）	误差值（%）	平均相对误差（%）
2010	6.01	5.77	0.24	3.99
2011	5.90	5.69	0.21	3.56
2012	5.50	6.02	0.52	9.45
2013	5.95	5.55	0.40	6.72
2014	4.59	4.30	0.29	6.32
2015	4.28	4.02	0.26	6.07
2016	4.00	4.29	0.29	7.25
2017	3.74	4.10	0.36	9.63
2018	3.49	3.39	0.10	2.87
2019	3.30	3.26	0.04	1.21

表 3 – 11 售电量仿真模拟数据与实际数据对比

年份	实际值（亿 kWh）	预测值（亿 kWh）	误差值（亿 kWh）	平均相对误差（%）
2010	3 134.80	3 217.40	82.60	2.63
2011	3 538.19	3 553.36	15.17	0.43
2012	3 820.37	3 776.79	43.58	1.14
2013	4 189.63	4 008.24	181.39	4.33
2014	4 263.98	4 276.17	12.19	0.29
2015	4 364.03	4 507.93	143.90	3.30
2016	4 595.36	4 708.41	113.05	2.46
2017	4 930.58	4 934.51	3.93	0.08
2018	5 297.02	5 247.81	49.21	0.93
2019	5 421.13	5 481.98	60.85	1.12

从表 3 – 10 与表 3 – 11 中可以看出，其平均相对误差均小于 10%，处于可接受的误差范围之内。因此，基于上述检验结果，可以认为本书所建立的系统动力学模型是科学可靠的。以下展开实证分析。

本书将根据建立的系统动力学模型以及设定的变量初始值、表函数，对 J 省的电网投资风险进行分析研究。本节以第三章中的投资路径分析为基础，提出以保安全、保市场、保民生基建项目投资分配额为控制变量，

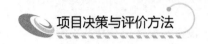

探究在基础情景下差异化路径下的投资风险量的变化情况，寻求最优的发展路径。投资方案如下：

①路径一：加强保市场项目投资。

②路径二（原路径）：保持 J 省原方案的各类投资额。

③路径三：加强保安全、保市场类投资。

④路径四：各类投资为基准路径。

⑤路径五：各类投资均加强路径。

按照不同路径对 J 省的分类投资进行设定，主要差异体现在加强路径的选择上。根据上述方案对差异化路径下的 J 省电网投资风险值进行模拟仿真，由于各类基建项目投资对电网整体影响的波动较小，以下用表格的形式对各个风险项的仿真结果进行展示。将原路径的各风险值设定为零变量，且由于差异化投资下 2020—2025 年的风险波动情况一致，本书取其平均值进行分析。将不同路径与原路径对比后，得到如表 3-12 所示的结果。

表 3-12　差异化路径下的电网投资风险变化幅度

项目内容	路径一	路径三	路径四	路径五
供电可靠性	0.000%	0.000 91%	0.000%	0.000 91%
单位线路/变电支撑用电负荷	−0.014%	−0.017%	0.012%	−0.020%
网损率	1.200%	1.310%	−0.020%	1.374%
最大负荷利用小时数	0.180%	0.181%	0.000%	0.179%
单位投资售电量	0.200%	0.010%	0.010%	−0.020%
人均售电量	0.180%	0.180%	0.000%	0.180%
利润	0.170%	0.173%	−0.020%	0.180%
电量增长 GDP	0.100%	0.130%	−0.030%	0.137%
二氧化碳减排量	0.000%	−1.500%	−1.500%	0.000%

从仿真结果中可以看出，路径一下，J 省网损率、最大负荷利用小时数、单位投资售电量、人均售电量、利润及电量增长 GDP 得到了提升，而供电可靠性与二氧化碳减排量没有变动，单位线路/变电支撑用电负荷有所下降。路径三下，供电可靠性、网损率、最大负荷利用小时数、单位投资售电量、人均售电量、利润及电量增长 GDP 有所提升，而单位线路/变

电支撑用电负荷、二氧化碳减排量有所下降。路径四下，单位线路/变电支撑用电负荷、单位投资售电量有所上升，而供电可靠性、最大负荷利用小时数、人均售电量没有变动，网损率、利润、电量增长 GDP 及二氧化碳减排量有所下降。路径五下，供电可靠性、网损率、最大负荷利用小时数、人均售电量、利润、电量增长 GDP 有所上升，二氧化碳减排量没有变动，而单位线路/变电支撑用电负荷、单位投资售电量有所下降。

综合上述分析，由于 J 省的网架结构坚强，能够满足受端电网安全需求，因此可以看到加强保安全类项目的投资力度对电网的安全性影响不大，风险值降低的幅度较小。而其他路径中对保市场类项目的加强投资力度虽然会带来经济效益的提升，降低经济风险，但同时使得单位线路/变电支撑用电负荷下降，从而带来过度投资的风险。其余路径下的环境风险变动幅度与原路径相比均为负值或相等。因此可以论证按照既定的发展路径对 J 省的基建项目加强投资力度将使投资的风险降至最小，是符合其发展需求的最优路径。在投资的选择上，应结合省网的发展特点与目的，进行重点加强、普遍提高。在发展路径的选定中，也应考虑决策者的风险喜好，选择最佳的路径。以下就按照 J 省的最优路径进行多情景风险量化分析。

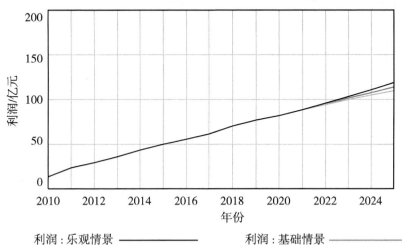

图 3 - 12　利润仿真图

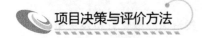

国家电网公司作为投资建设者，为保证自身的可持续发展，其最基本的目标是投资的利润最大化。利润总额越大，电网投资的经济效益越好，其面临的投资风险越小。

表 3 – 13　利润仿真值数据表

年份	乐观情景（亿元）	基础情景（亿元）	悲观情景（亿元）
2020	82.29	82.25	82.25
2021	88.73	88.68	88.33
2022	95.56	95.07	94.06
2023	102.90	101.30	99.58
2024	110.80	107.70	104.90
2025	119.30	114.10	110.30

由图 3 – 12 可以看出，2010—2019 年 J 省电网利润值伴随着投资的增加呈现上升的趋势，2020—2025 年，乐观情景利润大于基础情景，基础情景大于悲观情景。由表 3 – 13 可以看出，在乐观情景和基础情景下的利润额差额最大达到 5.2 亿元，这说明由于宏观环境中 GDP 增长率、电价的变化会对利润产生较大的影响，在乐观情景下的电网投资经济效益更好。由于 J 省电网整体的经济效益较好，因此投资对利润的影响较小，各类项目投资的经济效益较高，能够保持 J 省利润的持续上升态势，因而面临的经济风险较小。未来应继续加强各类基建项目的投资力度，确保利润稳定增长。

04

第 4 章

多准则项目决策方法

多准则项目决策是指在具有相互冲突、不可共度的有限（无限）方案中集中进行选择的决策。它是分析决策理论的重要内容之一。

4.1　多准则项目决策概念

多准则项目决策根据决策方案是有限还是无限，分为多属性决策（MADM）与多目标决策（MODM）两大类。

1）多属性决策

多属性决策也称有限方案多目标决策，是指在考虑多个属性的情况下，选择最优备选方案或进行方案排序的决策。它是现代决策科学的一个重要组成部分，其理论和方法在工程、技术、经济、管理和军事等诸多领域中都有广泛的应用。

2）多目标决策

多目标决策是指需要同时考虑两个或两个以上目标的决策。如某企业要在几种产品中选择一种产品进行生产，既要考虑获利大小，又要考虑现有设备能否生产以及原材料供应是否充足等因素来选择其中一种，只有使这些相互联系和相互制约的因素都能得到最佳的协调、配合和满足，才是最优的决策。

与常规评估方法相比，多准则项目决策评估的机理性特点包括以下几个。

①可进行多个项目的评判、排队和选优。

②对一个项目进行研究时，将每个影响因子都当作主判这个项目的准

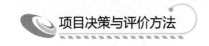

则，并对因子的数值进行一系列信息加工和提取，给各因子的重要性赋以权重。

③将项目评估表看作一个决策判断矩阵，然后采用十多种决策判别方法来组织信息，组合成一个分析机理性强的动态分析系统，进而借助于现代化计算机技术快速完成信息加工；还可组织决策会议，快速反应决策参与人的意见，利于形成一致性观点。

4.2　多准则项目决策方法

4.2.1　多目标优化方法

1）目标规划模型的基本概念

实践中，人们经常遇到一类含有多个目标的数学规划问题，而目标规划（Goal Programming），就是一种多目标的规划方法。

目标规划在实践中的应用十分广泛，它的重要特点是对各个目标进行分级加权与逐级优化，这符合人们处理问题要分辨轻重缓急以保证重点的思考方式。

（1）正、负偏差变量 d^+，d^-

我们用正偏差变量 d^+ 表示决策值超过目标值的部分；用负偏差变量 d^- 表示决策值不足目标值的部分。因决策值不可能既超过目标值，又未达到目标值，故恒有 $d^+ + d^- = 0$。

（2）绝对约束和目标约束

我们把所有等式、不等式约束分为两部分：绝对约束和目标约束。

绝对约束指必须严格满足的等式约束和不等式约束，所以它们是硬约束。如果某种原材料数量有限制，并且无法从其他渠道予以补充，则构成绝对约束。

目标约束是目标规划特有的，我们可以把约束右端项看作要努力追求的目标值，但允许发生正、负偏差，用在约束中加入正、负偏差变量来表示，称它们为软约束。

（3）优先因子与权系数

设有 L 个目标函数 f_1，f_2，$\cdots$，f_L，针对决策者对所要达成目标的主次要求，引入优先因子 P_i，$i = 1$，2，$\cdots$，L。

设目标函数优先序为 f_1，f_2，$\cdots$，f_L，把要求第 1 位达成的目标赋于优先因子 P_1，次位的目标赋于优先因子 P_2，$\cdots$，并规定 $P_i \gg P_i + 1$，$i = 1$，2，$\cdots$，$L - 1$。

P_i 的含义：首先保证 P_1 级目标实现，这时可不考虑次级目标；P_2 级目标在实现 P_1 级目标的基础上考虑，以此类推。

当需要区别具有相同优先因子的若干目标的差别时，可分别赋于它们不同的权系数 W_j。

优先因子及权系数的值，均由决策者按具体情况来确定。

（4）目标规划的目标函效

目标规划的目标函数是通过各目标约束的正、负偏差变量和赋于相应的优先等级来构造的。

决策者的要求是尽可能从某个方向缩小偏离目标的数值。于是，目标规划的目标函数应该是求极小值：$\min f = f(d^+, d^-)$

目标函数的基本形式有以下三种。

①要求恰好达到目标值，即使相应目标约束的正、负偏差变量都要尽可能地小。这时取 $\min\ (d^+ + d^-)$。

②要求不超过目标值，即使相应目标约束的正偏差变量要尽可能地小。这时取 $\min\ (d^+)$。

③要求不低于目标值，即使相应目标约束的负偏差变量要尽可能地小。这时取 $\min\ (d^-)$。

2）建模与图解法

对只有 2 个决策变量的目标规划数学模型，可以用图解法来分析求解。通过图解示例，可以看到目标规划中的优先因子，正、负偏差变量及权系数等的几何意义。

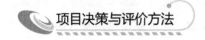

图解法步骤小结：

步骤一，找出满足问题约束条件的可行解；

步骤二，找出所有满足最高级目标的可行解；如果没有，就找出最接近的解；

步骤三，考虑下一个优先级，在满足上一个优先级的前提下，找出"最优"解；

步骤四，重复步骤三，直到所有的优先级都考虑到为止。

3）启发式优化算法

由于传统的优化算法（如最速下降法、线性规划、动态规划、分支定界法、单纯形法、共轭梯度法、拟牛顿法等）在求解复杂的大规模优化问题时无法快速有效地寻找到一个合理可靠的解，学者们期望探索一种算法：它不依赖问题的数学性能，如连续可微、非凸等特性；对初始值要求不严格、不敏感，并能够高效处理高维数多模态的复杂优化问题，在合理的时间内寻找到全局最优值或靠近全局最优的值。于是，基于实际应用的需求，智能优化算法应运而生。智能优化算法借助自然现象的一些特点，抽象出数学规则来求解优化问题。受大自然的启发，人们从大自然的运行规律中找到了许多解决实际问题的方法。对于那些受到大自然的运行规律或者面向具体问题的经验、规则的启发而得出的方法，人们常常称之为启发式算法（Heuristic Algorithm）。

大部分算法都是仿生演变而来的，例如，仿动物类的算法：粒子群优化算法、蚁群算法、鱼群算法、蜂群算法等；仿植物类的算法：向光性算法、杂草优化算法等；仿人类的算法：遗传算法、和声搜索算法、神经网络算法；其他的理论成熟并被广泛应用的算法：模拟退火算法、禁忌搜索；等等。

（1）粒子群优化算法

粒子群优化算法的基本思想是通过群体中个体之间的协作和信息共享来寻找最优解。粒子群优化算法源于复杂适应系统（Complex Adaptive System，CAS）。CAS 理论于 1994 年被正式提出，CAS 中的成员被称为主体。比如，研究鸟群系统，每只鸟在这个系统中就被称为主体。主体有适应性，它能够与环境及其他主体进行交流，并且根据交流的过程"学习"或"积累经验"从而改变自身结构与行为。整个系统的演变或进化包括：新层次的产生（小鸟的出生）；分化和多样性的出现（鸟群中的鸟分成许多小的群）；新的主题出现（鸟寻找食物过程中不断发现新的食物）。

（2）蚁群算法

蚁群算法（Ant Colony Optimization，ACO），又称蚂蚁算法，是一种用来在图中寻找优化路径的概率型算法。它由马尔科·多里戈（Marco Dorigo）于 1992 年在他的博士论文中提出，其灵感来源于蚂蚁在寻找食物过程中发现路径的行为。

蚂蚁在运动过程中，会留下一种被称为信息素的东西，并且随着移动的距离越来越远，播散的信息素越来越少，所以往往在蚂蚁窝或者食物的周围，信息素的浓度是最高的，而蚂蚁自身会根据信息素去选择方向，当然，信息素越浓，被选择的概率就越大，并且信息素本身具有一定的挥发性。

（3）遗传算法

遗传算法（Genetic Algorithm）又叫基因进化算法，或进化算法。生物只有经过许多世代的不断进化（evolution），才能更好地完成生存与繁衍的任务。遗传算法需要随着时间的推移不断成长、演化，最后才能收敛，得到针对某类特定问题的一个或多个解。

遗传算法是一种基于自然选择和群体遗传机理的搜索算法，模拟了自然选择和自然遗传过程中的繁殖、杂交和突变现象。标准的遗传算法包括四个组成部分：①编码（产生初始种群）；②选择操作；③交叉操作；④变异。

（4）模拟退火算法

模拟退火算法来源于固体退火原理，是一种基于概率的算法，将固体加温至充分高，再让其徐徐冷却，加温时，固体组成粒子随升温变为无序状，内能增大，而徐徐冷却时粒子渐趋有序，在每个温度点都达到平衡态，最后在常温时达到基态，内能减为最小。

模拟退火算法新解的产生和接受可分为如下四个步骤。

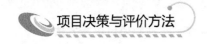

第一步是由一个产生函数从当前解产生一个位于解空间的当前新解。为便于后续的计算和接受，减少算法耗时，通常选择当前新解经过简单地变换产生新解的方法，如对构成新解的全部或部分元素进行置换、互换等，由于产生新解的变换方法决定了当前新解的邻域结构，因而对冷却进度表的选取有一定的影响。

第二步是计算与新解所对应的目标函数差。因为目标函数差仅由变换部分产生，所以最好按增量计算目标函数差。事实证明，对大多数应用而言，这是计算目标函数差的最快方法。

第三步是判断新解是否被接受。判断的依据是一个接受准则，最常用的接受准则是 Metropolis 准则：若 $\Delta T < 0$，则接受 S' 作为新的当前解 S，否则以概率 exp（$-\Delta T/T$）接受 S' 作为新的当前解 S。

第四步是当新解被确定接受时，用新解代替当前解，只需将当前解中对应产生新解时的变换部分予以实现，同时修正目标函数值。此时，当前解实现了一次迭代，可在此基础上开始进行下一轮试验。当新解被判定为舍弃时，则在原当前解的基础上继续进行下一轮试验。

4.2.2　多准则评价方法

多准则评价方法包括层次分析法、理想解法、数据包络分析法、熵权法等，其中，层次分析法在上一章进行了介绍，本章重点介绍理想解法、数据包络分析法、熵权法等。

1）理想解法

理想解法（Technique for Order Preference by Similarity to Ideal Solution，TOPSIS）由 Hwang 和 Yoon 于 1981 年提出，直译为逼近理想解的排序法，是一种有效的多属性决策方法。该方法的基本思路是借助于多目标决策问题中理想解和负理想解的思想，通过构造问题的理想解和负理想解，并将靠近理想解和远离负理想解两个基准作为评价各对象的判断依据。为了方便理解，在此将理想解和负理想解改称为理想方案和负理想方案。理想方案是一个设想的最期望的方案，它的各个属性都达到所有备选方案在各个属性下的最好值；负理想方案是设想的最不期望的方案，它的各个属性都是所有候选方案在各个属性下的最差值。通过比较方案与理想方案和负理想方案的距离对方案进行排序。因此，最佳方案满足的条件是与理想方案最近，与负理想方案最远。理想解法的基本原理如下：

记方案集 $A = \{A_1,\ A_2,\ \cdots,\ A_m\}$，指标集 $T = \{T_1,\ T_2,\ \cdots,\ T_{m \times n}\}$。方案 A_i 在指标 T_j 下的评价值为 $x_i(j)$，$(i = 1,\ 2,\ \cdots,\ m; j = 1,\ 2,\ \cdots,\ n)$，决策矩阵 $X[x_i(j)]_{m \times n}$，建模过程包括如下步骤：

步骤 1：利用向量归一化方法对决策矩阵作标准化处理，得出标准化矩阵 $Y[y_i(j)]_{m \times n}$：

$$y_i(j) = x_i(j) \left(\sum_{i=1}^{m} [x_i(j)]^2 \right)^{-1/2} \tag{4-1}$$

步骤 2：计算加权标准化判断矩阵 $U = [u_i(j)]_{m \times n} = [w_j y_i(j)]_{m \times n}$

其中，w_j 为指标 T_j 的权重，$i = 1,2,\cdots,m; j = 1,2,\cdots,n$。

步骤 3：确定理想解和负理想解。

确定理想解：

$$U_0^+ = \{ \max_{1 \leqslant i \leqslant m} u_i(j) \mid j \in J^+, \min_{1 \leqslant i \leqslant m} u_i(j) \mid j \in J^- \} =$$
$$[u_0^+(1), u_0^+(2), \cdots, u_0^+(j), \cdots, u_0^+(n)] \tag{4-2}$$

确定负理想解：

$$U_0^- = \{ \min_{1 \leqslant i \leqslant m} u_i(j) \mid j \in J^+, \max_{1 \leqslant i \leqslant m} u_i(j) \mid j \in J^- \} =$$
$$[u_0^-(1), u_0^-(2), \cdots, u_0^-(j), \cdots, u_0^-(n)] \tag{4-3}$$

其中，J^+ 为效益型指标集合，J^- 为成本型指标集合。

步骤 4：计算各方案与理想解和负理想解之间的距离。

第 i 个方案到理想解的距离：

$$L_i^+ = \left(\sum_{j=1}^{n} [u_i(j) - u_0^+(j)]^2 \right)^{1/2}, (i = 1,2,\cdots,m) \tag{4-4}$$

第 i 个方案到负理想解的距离：

$$L_i^- = \left(\sum_{j=1}^{n} [u_i(j) - u_0^-(j)]^2 \right)^{1/2}, (i = 1,2,\cdots,m) \tag{4-5}$$

步骤 5：计算各方案的相对贴近度。

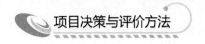

方案 A_i 的相对贴近度：

$$Z_i = L_i^+ L_i^- / (L_i^+ + L_i^-), (i = 1, 2, \cdots, m) \tag{4-6}$$

把方案 A_i 的相对贴近度 Z_i 作为方案 A_i 的综合评价值，Z_i 越大，则方案 A_i 越优。

2）数据包络分析法

1978 年，著名的运筹学家 A. Charnes、W. W. Cooper 和 E. Rhodes 首先提出了一个被称为数据包络分析（Data Envelopment Analysis，DEA）的方法，用于评价部门间的相对有效性（因此被称为 DEA 有效）。他们的第一个模型被命名为 C^2R 模型。从生产函数角度看，这一模型是用来研究具有多个输入，特别是具有多个输出的"生产部门"同时实现"规模有效"与"技术有效"的十分理想且卓有成效的方法。1984 年，R. D. Banker、A. Charnes 和 W. W. Cooper 给出了一个被称为 BC^2 的模型。1985 年，A. Charnes、W. W. Cooper、B. Golany、L. Seiford、J. Stutz 给出了另一个模型（被称为 C^2GS^2 模型），这两个模型是用来研究生产部门间的"技术有效"性的。1986 年，A. Charnes、W. W. Cooper 和魏权龄为了进一步估计"有效生产前沿面"，利用 A. Charnes、W. W. Cooper 和 K. Kortanek 于 1962 年首先提出的半无限规划理论，研究了具有无穷多个决策单元的问题，给出了一个新的数据包络模型——C^2W 模型。1987 年，A. Charnes、W. W. Cooper、魏权龄和黄志民又提出了被称为锥比率的数据包络模型——C^2WH 模型。这一模型可以用来处理有过多的输入及输出的情况，而且锥的选取可以体现决策者的"偏好"。灵活地应用这一模型，可以将 C^2R 模型中确定出的 DEA 有效决策单元进行分类或排队等。这些模型以及新的模型正在不断地得到完善和进一步发展。数据包络分析法常见模型如下。

（1）DEA 的 C^2R 模型

DEA 模型有很多种类，其中 C^2R 模型的理论比较完善。参与竞争的电力企业作为决策单元，设共有 n 家电力企业，每家电力企业有 m 种类型的输入（X）和 s 种类型的输出（Y），DWU_j 的输入和输出 $x_j = (x_{1j}, x_{2j}, \cdots, x_{mj})^T$，$y_j = (y_{1j}, y_{2j}, \cdots, y_{sj})^T$，$j = 1, 2, \cdots, n$。

$$\begin{cases} \max \dfrac{u^{\mathrm{T}} y_0}{v^{\mathrm{T}} x_0} \\[3mm] \text{s. t.} \ \dfrac{u^{\mathrm{T}} y_j}{v^{\mathrm{T}} x_j} \leqslant 1 \\[3mm] u \geqslant 0, v \geqslant 0 \end{cases} \tag{4-7}$$

其中，$v = (v_1, v_2, \cdots, v_m)^{\mathrm{T}}$，$u = (u_1, u_2, \cdots, u_s)^{\mathrm{T}}$ 分别表示 m 种输入和 s 种输出的权系数。将上式进行 Charnes – Cooper 变换，可以化为一个等价的线性规划模型：

$$\begin{cases} \min \theta \\[3mm] \text{s. t.} \ \displaystyle\sum_{j=1}^{n} x_j \lambda_j \leqslant \theta x_0 \\[3mm] \displaystyle\sum_{j=1}^{n} y_j \lambda_j \geqslant y_0 \\[3mm] \lambda_j \geqslant 0 ; j = 1, 2, \cdots, n ; \theta \in E_1^+ \end{cases} \tag{4-8}$$

又经非 Archimedes 无穷小（ε）处理后的模型为：

$$\begin{cases} \min(\theta - \hat{e}^{\mathrm{T}} S^- + \hat{e}^{\mathrm{T}} S^+) \\[3mm] \text{s. t.} \ \displaystyle\sum_{j=1}^{n} x_j \lambda_j + S^- = \theta x_0 \\[3mm] \displaystyle\sum_{j=1}^{n} y_j \lambda_j - S^+ = y_0 \\[3mm] \lambda_j \geqslant 0 ; j = 1, 2, \cdots, n ; \theta \in E_1^+ ; S^- \geqslant 0 \end{cases} \tag{4-9}$$

其中，$\hat{e}^{\mathrm{T}} = (1, 1, \cdots, 1)^{\mathrm{T}}$，若满足 $\theta_0 = 1$，$S^- = 0$，$S^+ = 0$，则称 DMU_{j0} 为 DEA 有效。

设模型的最优解为 θ^0，λ^0，S^{0-}，S^{0+}，若 $\theta^0 = 1$，且 $S^{0-} = 0$，$S^{0+} = 0$，则称 DMU 为 DEA 有效；若 $\theta^0 = 1$，且 $S^{0-} \neq 0$，$S^{0+} \neq 0$，则称 DMU 为弱 DEA 有效；若 $\theta^0 < 1$，则称 DMU 为非 DEA 有效。

它的经济意义是：如果某个决策单元是 DEA 有效的，则从生产函数来讲，它既是技术有效，也是规模有效，也就是说，对于这些决策单元，其

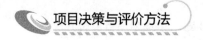

投入量 X ，所获得的产出量 Y 已达到最优。

（2） DEA 的 C^2GS^2 模型

为了判断非 DEA 有效的决策单元是技术有效还是规模有效，我们引入了 C^2GS^2 模型。C^2GS^2 模型与 C^2R 模型的区别仅仅是 C^2GS^2 模型的生产可能集不满足锥性公理，因此在 C^2R 模型中增加约束条件 $\sum_{j=1}^{n} \lambda_j = 1$ ，就能得到 C^2GS^2 模型。

$$
\begin{cases}
\min(\theta - \hat{e}^T S^- + \hat{e}^T S^+) \\
\text{s. t. } \sum_{j=1}^{n} x_j \lambda_j + S^- = \theta x_0 \\
\sum_{j=1}^{n} y_j \lambda_j - S^+ = y_0 \\
\sum_{j=1}^{n} \lambda_j = 1 \\
\lambda_j \geqslant 0; j = 1,2,\cdots,n; \theta \in E_1^+; S^- \geqslant 0
\end{cases}
\tag{4-10}
$$

设 C^2GS^2 模型的最优解为 θ^0 ，λ^0 ，S^{0-} ，S^{0+} ，若 $\theta^0 = 1$ ，称 DMU 为弱 DEA 有效；若 $\theta^0 = 1$ ，且 $S^{0-} = 0$ ，$S^{0+} = 0$ ，则称 DMU 为 DEA 有效，即技术有效。

因为 C^2GS^2 模型下 DEA 有效的决策单元仅仅是技术有效，也就是说，当决策单元的产出量为 Y_0 时，相应地，投入量 X_0 不可能再减少。因此对于同一组决策单元，将 C^2R 模型与 C^2GS^2 模型结合使用，就可以判断每个决策单元是规模有效还是技术有效。

（3） DEA 的超效率模型

DEA 的 C^2R 模型将决策单元分为两类，即有效和无效，对于多个同时有效的决策单元则无法做出进一步的评价与比较。为了弥补这一缺陷，Andersen 和 Petersen （1993） 提出了一种 DEA 的 "超效率" （Super - Efficiency） 模型，使有效决策单元之间也能比较效率的高低。这个模型的基本思路是：在评价决策单元时，将该决策单元本身排除在决策单元的集合之外。反映在模型上，可表示为如下对偶规划模型：

$$\begin{cases} \min(\theta - \hat{e}^{\mathrm{T}}S^- + \hat{e}^{\mathrm{T}}S^+) \\ \mathrm{s.t.} \ \sum_n x_j\lambda + S^- = \theta x_0 \\ \sum_n y_j\lambda_j - S^+ = y_0 \\ \lambda_j \geqslant 0; j = 1,2,\cdots n; \theta \in E_1^+; S^- \geqslant 0 \end{cases} \quad (4-11)$$

比较模型（4-9）和模型（4-11）可以看出，两者的区别仅仅在于模型（4-11）在求解某个决策单元的效率值时，其约束条件中将该决策单元排除在决策单元的参考集合外，而模型（4-9）是将该决策单元包括在内的。

下面先以 C^2R 模型为例，来进一步展开说明：首先，假设有 A、B、C、D、E 五个表示两种投入和一种产出的决策单元，其中 A、B、C、D 是有效率的决策单元，它们构成生产前沿面 $ABCD$；E 是无效率的决策单元，它被生产前沿面 $ABCD$ 所包络，所有决策单元都只能在生产前沿面及其上方的区域运作（见图 4-1）。设 C' 点与 E' 点分别是 OC 线段与 OE 线段在生产前沿面 $ABCD$ 上的交点，由于 C 点处在生产前沿面上，因此决策单元 C 的效率值为：$\theta_C = OC'/OC = 1$；而 E 点不在生产前沿面上，因此决策单元 E 的效率值为：$\theta_E = OE'/OE < 1$。

我们在图 4-1 的基础上说明此模型。以决策单元 C 为例，如图 4-1 所示，C 点处在生产前沿面上，因此决策单元 C 在 DEA 的 C^2R 模型下的效率值为 1。按照超效率模型的思路，在计算决策单元 C 的效率值时，C 点应排除在决策单元的参考集合之外，于是生产前沿面就由 $ABCD$ 变为 ABD（见图 4-2），此时 C 点的效率值 $\theta_C = OC'/OC > 1$。对于 C^2R 模型中本来就是无效率的决策单元 E，在超效率模型中，它的生产前沿面仍然是 $ABCD$，效率值仍然是 $\theta_E = OE'/OE < 1$。因此，在超效率模型中，对于无效率的决策单元，其效率值与 C^2R 模型一致；而对于有效率的决策单元，可以使其投入按比例增加而保持效率值不变，其投入增加比例就是其超效率值，但在所有决策单元集合中仍能保持相对有效。例如，某个决策单元的 DEA（C^2R）效率值为 1，超效率值为 1.20，则表示该决策单元即使再等比例增加 20% 的投入，它仍然能在整个决策单元样本集合中保持相对有效。

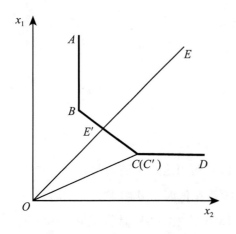

图 4 - 1　决策单元的效率值

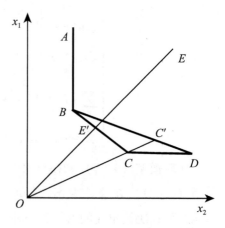

图 4 - 2　决策单元的超效率值

3）熵权法

作为一种客观赋权方法，展示了指标在体系中的效果强弱，以各指标的直观观察值所得到信息量的大小来确定指标占比的方法，被称作熵权法（Entropy Weight Method）。观察图像，如果数据波动范围在图中显示越大，则代表其具有越大的不确定性且所包含的信息越多，因此其不应该占据更重要的地位，不应拥有较大的权重。当项目评价指标体系中各指标的某项指标值完全相同时，熵值达到最大，也就代表着当前指标可用程度为零，可以删除，以免影响结果。

熵是信息的对立面，是衡量体系混乱程度的度量，当每种状态出现的概率为 P_i（$i=1, 2, \cdots, m$）时，则该系统的熵就可以做如下定义。

显然，当 $P_i = 1/m$（$i=1, 2, \cdots, m$）时，会出现何种状态是不确定的，但是可以确定的是，各种情况出现的概率相同，熵应该取最大值：

$$E = -\sum_{i=1}^{n} P_i \ln p_i \qquad (4-12)$$

其中，P_i 满足：$0 \leqslant P_i \leqslant 1$；$\sum_{i=1}^{n} P_i = 1$。

熵有如下 6 个性质。

①可加性：由前面的学习经验可知，概率是可以相加的，熵也具有此种性质。系统总熵的计算较为简便，即是各种状态熵的累加。

②非负性：概率性质是熵的特点之一，而概率本身最小为 0，最大为

1，不可能是负数，所以系统的熵总是非负的。

③极值性：当系统中各状态出现的概率相同时，即 $i = 1 \sim n$ 时，其熵最大：

$$E(P_1, P_2, \cdots, P_n) \leqslant E\left(\frac{1}{n}, \frac{1}{n}, \cdots, \frac{1}{n}\right) = \ln n$$

可直接得出的结论是：在系统状态数增加的过程中，系统的熵并不是保持不变而是随之增加，但是其增加速度没有状态数的变化速度快。

从上文可以得出结果，系统没有不确定性，也就是在系统完全确定的前提下，此时的条件为，系统只有一种状态，并且系统的概率 $P_i = 1$，系统的熵 $E(P_i) = 0$ 的结论也成立。

④对称性：系统中某一状态出现的概率 P_i 的排列顺序无法决定对应的系统的熵。

⑤加法性：假定存在两个互不影响的体系，其中一个体系的熵为 $E(A)$，另一个体系的熵为 $E(B)$，则复合体系 AB 的联合熵为 $E(AB)$，有：

$$E(AB) = E(A) + E(B)$$

由上述文字与公式可知，两个完全没有联系的系统组合成的复合系统的熵为两个独立系统熵的和。

⑥强加性：系统 A、B 统计相关，$E(A/B)$ 是系统 B 已知时，系统 A 的熵（或称为条件熵），有：

$$E(AB) = E(B) + E(A/B)$$

同样，$E(AB) = E(A) + E(B/A)$

熵权法的计算步骤如下：

①设用 n 个评价指标评价 m 个待选方案。

x_{ik} 为待选方案 k 的评价指标 i 的估计值。

x_i^* 为评价指标 i 的理想值。

数值的大小与评价指标本身的特性相关，如经济效益与社会效益这种正向指标，数值越大，指标越优秀；而亏损性质的指标则完全相反，即数值越小越好。

②定义 x_{ik} 对于 x_i^* 的接近度 D_{ik}：

$$D_{ik} = \begin{cases} \dfrac{x_{ik}}{x_i^*}, & x_i^* = \max\{x_{ik}\} \\[3mm] \dfrac{x_{ik}}{x_i^*}, & x_i^* = \min\{x_{ik}\} \end{cases} \qquad (4-13)$$

③ D_{ik} 归一化处理：

$$d_{ik} = D_{ik} \Big/ \sum_{i=1}^{n} \sum_{k=1}^{m} D_{ik} \qquad (4-14)$$

且满足 $0 \leqslant d_{ik} \leqslant 1$，$\displaystyle\sum_{i=1}^{n} \sum_{k=1}^{m} d_{ik} = 1$。

④总体熵：用 n 个评价指标评价 m 个待选方案的熵 E 为

$$E = - \sum_{i=1}^{n} \sum_{k=1}^{m} d_{ik} \ln d_{ik} \qquad (4-15)$$

⑤指标与方案无关时的总体熵：若评价指标的相对重要性与待选方案无关，则熵的结果由下式得出

$$E = - \sum_{i=1}^{n} d_i \ln d_i \qquad (4-16)$$

其中，$d_i = \displaystyle\sum_{k=1}^{m} d_{ik}$。

下面的条件熵可以确定的是评价指标对现存多种备选方案进行决策评价的相对重要性的不确定性。

⑥评价指标 i 的条件熵：

$$E_i = - \sum_{k=1}^{m} \frac{d_{ik}}{d_i} \ln \frac{d_{ik}}{d_i} \qquad (4-17)$$

得出熵的极值 $\dfrac{d_{ik}}{d_i}(k=1,2,\cdots,m)$，即 $d_{i1} \approx d_{i2} \approx \cdots \approx d_{ik}$，当这些熵愈加趋近于相等的时候，条件熵就随之越大，评价指标对待选方案进行决策评价的不确定性也就越大。

当这些 $\dfrac{d_{ik}}{d_i}$ 趋近于相等时，即 $d_{i1} \approx d_{i2} \approx \cdots \approx d_{ik}$ 时

$$d_i \approx m d_{ik} \ln \frac{d_{ik}}{d_i} = \ln \frac{d_{ik}}{m d_{ik}} = \ln \frac{1}{m} = -\ln m$$

而

$$\frac{d_{i1}}{d_i} + \cdots + \frac{d_{im}}{d_i} = 1$$

$$E_i = -\sum_{k=1}^{m} \frac{d_{ik}}{d_i}(-\ln m) = \ln m$$

条件熵最大 $\qquad\qquad E_{\max} = \ln m$

⑦用 $E_{\max}$ 对上式进行归一化处理，就得到表征评价指标 i 的评价决策重要性的熵值：

$$e(d_i) = -\frac{1}{\ln m}\sum_{k=1}^{m} \frac{d_{ik}}{d_i}\ln\frac{d_{ik}}{d_i} \qquad\qquad (4-18)$$

⑧由 $e(d_i)$ 确定评价指标 i 的评价权值 θ_i：

$$\theta_i = \frac{1}{n - E_e}[(1 - e(d_i))] \qquad\qquad (4-19)$$

其中，$E_e = \sum_{i=1}^{n} e(d_i)$，且 θ_i 满足：$0 \leqslant \theta_i \leqslant 1$，$\sum_{i=1}^{n} \theta_i = 1$（这样定义也是归一化的需要）。

待选方案的固有信息决定评价权值为 θ_i，决策人员的丰富经验与独一无二的判断力在多目标决策中能够发挥意想不到的重要作用，因此，引入另一个权值 W_i 代表决策人员的主观判断能力，并按下式将两者合成为一个实用权值 λ_i。

$$\lambda_i = \frac{\theta_i W_i}{\sum_{i=1}^{n} \theta_i W_i} \ (0 \leqslant \lambda_i \leqslant 1) \qquad\qquad (4-20)$$

⑨变异系数权重检验：利用变异系数法对评价体系中的各指标权重进行计算，可以有效避免熵权重有可能会出现的片面性，若变异系数法得出的指标权重结果与熵权法一致，那么熵权重足以作为指标评价的权重标杆。

⑩进行决策排序并做出最优选择，权重选择熵权重 λ_i，进行熵评价。计算 S_k 值，公式为：

$$S_k = \sum_{i=1}^{n} \lambda_i(d_i^* - d_{ik}) \qquad\qquad (4-21)$$

完全从数据本身的离散程度出发来定义其数据所包含的价值和所占重要程度是熵权法的优点，此方法是比较合理客观的；其缺点在于没有考虑数据本身在现实中的实际意义，从而使某些变化不大但对于综合评价目标

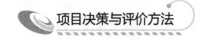

贡献较大的数据在所有数据中所占权重很小，有可能和实际情况相反或者无法准确反映实际情况。

4.3 多准则项目决策实证

4.3.1 境外电网项目投资多目标加权灰靶决策研究背景

电网作为重要的基础设施，关乎民生根本和国家经济命脉，是每个国家的建设重点。我国电网发展水平位居世界前列，放眼国际，具有经济、技术、管理、人才等方面的优势，因此电网项目国际合作潜力巨大。2007年，国家电网有限公司中标菲律宾国家电网特许经营权，这是中国电网企业首次开展大型境外业务，中国电网项目开始"走出去"。近年来，随着"一带一路"倡议的提出以及各特定地区专项国际合作的不断加深，中国电网项目不断在国际合作方面取得新的成就，积累了很多成功的经验。截至 2020 年 6 月，国家电网有限公司已在菲律宾、意大利、希腊等九个国家和地区投资建设电网项目并且成功运营，境外项目投资额约 230 亿美元，参与运营管理的境外资产总值约 650 亿美元。同时积极开发境外绿地输电项目，相继投资建设了巴西美丽山特高压直流送出一期和二期项目、特里斯皮尔斯水电送出一期和二期项目。截至 2020 年年底，南方电网公司累计向越南送电 394.6 亿 kWh，向老挝送电 11.5 亿 kWh，向缅甸送电 15.4 亿 kWh。我们也有一些投资失败的案例，比如，在缅甸的密松水电站建设过程中，投资方没有预先评估好当地居民对项目的接受程度和项目对生态环境造成的影响，导致项目搁浅。这说明在投资决策方面还有很多待研究的问题和进步空间。

展望"十四五"前景，我国电网项目发展依旧具有巨大的国际合作空间，发展中国家新建设施需求很大，"一带一路"沿线国家中很多国家的有电人口比例仍然非常低。IEA 的数据显示，2019 年，在全世界很多发展中国家和发达国家的有电人口比例大于 99% 的同时，非洲平均有电人口比例为 56%，其中，撒哈拉以南非洲地区有电人口比例仅为 48%，无电人口

高达 5 700 多万人；中非地区平均有电人口比例仅为 24％，无电人口为
1 080多万人，其中，中非共和国、刚果民主共和国和乍得共和国的有电人
口比例不足 10％；我国周边的发展中国家，如柬埔寨、缅甸、孟加拉国和
巴基斯坦等国家的有电人口比例不足 90％，图 4 – 3 显示了非洲区域和部
分亚洲发展中国家 2019 年有电人口比例。除此以外，发达国家更新换代的
需求也较大，在面向如此广阔的市场的同时，我们也面临各方面的风险，
除了过去一直存在的东道国政治稳定性风险、经济风险、法律风险等，近
几年，西方国家为了阻止中国发展而不断制造谣言，"中国威胁论"这样
的负面舆论甚嚣尘上，这些莫须有的指责使得中国对外投资面临巨大的舆
论风险。加之电网项目又是投资大、周期长的大型项目，因此海外电网项
目投资决策就显得十分重要，必须建立科学、完善的指标体系以及能有效
反映方案效果的决策评估模型。

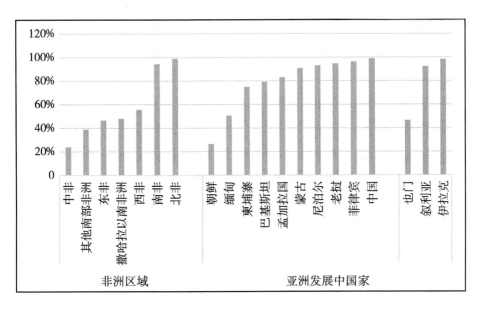

图 4 – 3　非洲区域和部分亚洲发展中国家 2019 年有电人口比例

4.3.2　相关理论方法

1) 层次分析法

层次分析法（Analytic Hierarchy Process，简称 AHP）是一种被广泛应

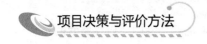

用于指标体系赋权的决策方法。在使用时，要求决策系统满足上层元素对下层元素起支配作用，且处在同一层中的元素之间是彼此独立的假设。将决策系统分为目标层、准则层、方案层，对各层的各元素进行打分，判断两个元素之间的重要性程度，得到模糊判断矩阵，计算后可得到单层重要性排序，综合多层权重就可以得到最下层指标对总目标的权重。这是一种将人脑的判断过程数学化的方法，决策思路一目了然，简单易操作。

2）多目标加权灰靶决策模型

（1）与其他方法的比较

对决策方案进行比较的方法，现在学术界使用的有定性分析方法和定量分析方法。这些方法包括：头脑风暴法、德尔菲法、哥顿法、淘汰法、环比法、归类法、模糊层次分析法、区间分析法、前景理论法、概率分析法、层次分析法、博弈论法等。各种定性分析方法因为受主观因素影响大，对信息的处理太过粗略，不能准确、深入地反映、分析和研究投资环境和企业的实际情况，因此需要定量分析方法的加持，两者结合才能得到更精细的决策效果。在使用模糊层次分析法时，有时候很难确定某些模糊隶属函数，所以此方法使用起来有一定的局限性；同样地，当部分指标的区间难以确定或者指标概率分布不完整时，都不适宜使用区间分析法或者概率分析法，因为得出的结果可能不够精确。如果全程只使用层次分析法，则对专家打分的依赖性过强，主观因素占比过多；如果使用博弈论法，则计算量太大。

而多目标加权灰靶决策模型建立在灰色决策理念的基础上，将不同类型的指标标准化、去量纲化，并且使其对最高层决策目标的影响方向一致，最终转化成一个综合效果测度值，使决策结果一目了然。

（2）适用性

利用多目标加权灰靶决策模型进行方案优选，相对于层次分析法、模糊层次分析法等传统方法来说，更能够体现出决策过程的客观性，在很大程度上减少了主观因素对结果的影响，且多目标加权灰靶决策模型的物理含义清晰。近年来，多目标加权灰靶决策模型已经在各行业、各领域的方案决策优化问题研究中得到了广泛应用。

灰色系统理论最早由邓聚龙提出，在此基础上，刘思峰等构造了4种

一致性效果测度函数，并且为指标引入权数，建立了多目标加权灰靶决策
模型。在很多行业和研究领域中，学者们已经将多目标加权灰靶决策模型
引入各种情形下的方案决策问题中，比如供应链供应商选择问题、工厂选
址问题、军事运输方式选择问题、煤矿资源投资项目决策问题等。这些决
策问题的共同特征是：①有多个决策目标；②每个决策目标对决策的影响
程度不同；③采用计算综合效果测度值的方法来判断最优决策方案。

本书讨论的境外电网项目也符合这样的条件，因此多目标加权灰靶决
策模型对于此类投资决策问题有很好的适用性。

4.3.3 境外电网项目投资决策评价指标体系

1）建立指标体系的原则

为了做出最优的海外电网项目投资决策，我们首先要建立完善、科
学、可量化的评价标准和评价指标体系，并且采用可操作、易执行和合理
的决策程序。为了建立完善、科学、可量化的评价标准和评价指标体系，
在对现有相关文献和各领域公开标准进行研究后，在建立指标体系的过程
中，本书遵守以下原则。

（1）风险导向原则

在建立指标体系时应根据已有的风险评估数据，从决策评价的角度出
发，重新对风险点进行识别和归类，将其转化为决策评价指标体系；同
时，还需要通过判断各风险点对项目的影响程度，来确定需要评价的重点
关键业务以及关键风险环节，对评价指标体系进行精简。

（2）时效性原则

在建立指标体系时，应当充分考虑当前的行业现状和项目参与各方的
特点，以相关事实为基础，以项目参与国的法律法规为依据，建立起反映
实际情况的评价指标体系。当项目建设运营环境发生重要变化时，应当及
时完善评价指标体系，并对项目方案重新进行评价。

（3）系统性原则

指标体系应从不同角度反映方案中涉及的投资内外部环境，包括电力

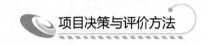

市场潜力、政治、经济、技术、运营能力等诸多因素，进行综合评价。指标体系应该充分体现并完整涵盖宏观及微观投资环境中影响因素与各个建设项目方案之间的联系，以及各因素对最终决策目标的贡献。并且，此评价指标体系各层级之间和层级内部的关系应该十分清晰，尽量做到相互独立，如果指标间彼此影响，那么应该表明关系并选择合适的方法来计算指标权重。

（4）典型性原则

指标的选择必须具有代表性，主次分明，重点突出，能充分反映项目的重点影响因素。在初步建立指标体系时，应该充分参考国际权威机构和现有文献的优秀研究成果，并且应邀请专家对指标体系提出意见，选出关键指标，有针对性地反映海外电网投资项目的真实环境和各影响因素的作用机制，体现出各方案的的价值。

（5）可操作性原则

应该在遵守以上原则的基础上，选择便于收集或评判、可操作性强并且可以量化的指标，建立评价指标体系。如果指标不可以量化，那么应该选取合适的数学方法和理论对指标进行改造。

2）境外电网项目投资决策评价指标体系的建立

（1）确定指标体系框架

首先，以"境外""海外""电网""投资""决策""灰靶"等为关键词在文献库中进行搜索，找到大约50篇文献，对文献进行研究后发现，其中没有直接对境外电网项目投资决策评价指标体系进行研究的文献，90%的文章都是对项目投资决策进行风险研究，其余10%的文章是针对国内的某一种特定类型的电力项目建立决策指标体系，例如，对某地区输变电工程精细化投资研究；对投资项目的某一个环节进行评价方法研究或者指标体系建立，如项目财务评价研究、企业内部评价研究等。

笔者在深入分析后发现，在对项目进行风险研究的文章中，98%的文章都将建立投资项目的评价指标体系的风险分为外部风险和内部风险，少部分文章从项目的全寿命周期的角度研究了不同阶段可能出现的风险。其余类型的文章中，有一些针对类似的投资项目，从宏观外部环境、中观企业内部环境、微观项目自身评价三个角度建立了评价指标体系。

因此，综合上述研究情况，本书在建立评价指标体系时遵守风险导向原则，即以对项目的风险评估体系为基础，重新筛选关键影响因素，从方案评价指标体系的角度出发，重新定义指标的内涵和衡量方法。将不同维度的指标拆解、重新归类，比如，将企业因素和项目自身的财务评价、技术评价等合并作为内部因素。从外部因素和内部因素两个方面建立评价指标体系。

（2）确定外部因素

在确定外部因素时，由于本书将建立基于风险评估的评价指标体系，所以参考了很多海外电网投资项目风险评估的指标体系建立过程和研究步骤，以及很多权威机构的研究报告。整理后发现，95% 的评级机构是从政治、经济、社会三个方面对各国投资环境进行划分和评级，这三个方面也涵盖了各种理论中所提到的各种影响因素。

除此以外，指标体系还应该反映中国进行对外投资时应注意的一些特色因素，而中国社会科学院的中国海外投资国家风险评级体系（CROIC）在综合了上述三方面因素的基础上，引入了对华关系这一指标模块，力求更有针对性地评估我国企业海外投资的风险。同时，考虑到近几年一些国家不断抹黑中国，企图打舆论战，所以本书在对华关系中加入了舆论这个二级指标。

更进一步地，本书的指标体系还反映海外电网项目投资所特有的行业风险，比如，东道国的电力市场需求以及下面将在内部指标因素中提到的技术因素、环保因素等。

本书以 CROIC（2018 版）中提到的风险指标体系为基础，同时综合考虑现在中国对外直接投资的实际情况和电网项目决策的特征，建立起外部指标体系。

（3）确定内部因素

在确定内部指标时，本书参考了相关电力项目投资决策风险研究中的现有内部风险体系以及一些财务评价和企业内部评价方面的文献。由于本书的评级体系是针对一个企业内不同项目的评价，也就是说企业本身是不

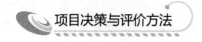

变量，因此删去了其中纯粹针对企业内部某个方面评价的内容，最终决定从财务评价、管理评价、技术评价及环保评价四个维度对项目进行内部评价。

3）指标体系以及说明

（1）指标体系

指标体系如表4-1所示。

表4-1 外部因素A

一级指标	二级指标	指标说明	类型	性质	数据来源
经济基础 A_1	发展水平a_1	人均GDP	实数	效益型	CROIC
	市场规模a_2	GDP总量	实数	效益型	CROIC
	经济增速a_3	GDP增速	实数	效益型	CROIC
	经济波动性a_4	GDP5年波动性	实数	成本型	CROIC
	贸易开放度a_5	（进口＋出口）/GDP	实数	效益型	CROIC
	投资开放度a_6	（FDI＋OFDI）/GDP	实数	效益型	CROIC
	资本账户开放度a_7	Chinn-Ito指数	实数	效益型	CROIC
	通货膨胀率a_8	居民消费价格指数（CPI）	实数	成本型	CROIC
	失业率a_9	失业人口占劳动人口的比率	实数	成本型	CROIC
	基尼系数a_{10}	衡量一个国家或地区居民收入的差距	实数	成本型	CROIC
偿债能力 A_2	公共债务/GDP a_{11}	公共债务指各级政府总债务	实数	成本型	CROIC
	外债/GDP a_{12}	外债指年末外债余额	实数	成本型	CROIC
	短期外债/总外债a_{13}	短期外债指期限在一年或一年以内的债务	实数	成本型	CROIC
	财政余额/GDP a_{14}	财政余额＝财政收入－财政支出	实数	效益型	CROIC
	外债/外汇储备a_{15}	外债指的是年末外债余额	实数	成本型	CROIC
	经常账户余额/GDP a_{16}	经常账户余额为货物和服务出口净额、收入净额与经常转移净额之和	实数	效益型	CROIC
	贸易条件a_{17}	出口价格指数/进口价格指数	实数	效益型	CROIC
	银行业不良资产比重a_{18}	银行不良贷款占总贷款余额的比重	实数	成本型	CROIC
	是否为储备货币发行国a_{19}	扮演国际储备货币角色的程度	实数	效益型	CROIC

续表

一级指标	二级指标	指标说明	类型	性质	数据来源
社会弹性 A_3	内部冲突 a_{20}	内部各种政党和势力的分歧程度	实数	成本型	CROIC
	环境政策 a_{21}	对环境议题的重视程度	实数	成本型	CROIC
	资本和人员流动的限制 a_{22}	对资本和人员流动的限制	实数	效益型	CROIC
	劳动力市场管制 a_{23}	雇用和解雇规定，最低工资和工作时间规定等	实数	效益型	CROIC
	商业管制 a_{24}	行政和官僚成本、开业难易、营业执照限制	实数	效益型	CROIC
	教育水平 a_{25}	东道国居民平均受教育年限	实数	效益型	CROIC
	社会安全 a_{26}	因谋杀死亡人数/十万人/年	实数	成本型	CROIC
	自然灾害风险 a_{27}	项目所在地发生自然灾害并对项目造成影响的期望	模糊数	成本型	专家评分
	当地居民接受程度 a_{28}	项目所在地居民支持这个项目的程度	模糊数	效益型	专家评分
政治风险 A_4	执政时间 a_{29}	任期还剩多少年	实数	效益型	CROIC
	政府稳定性 a_{30}	政府执行所宣布政策的能力以及保持政权的能力	实数	成本型	CROIC
	军事干预政治 a_{31}	军队对政府的干预程度	实数	成本型	CROIC
	腐败/清廉指数 a_{32}	政府体系的腐败程度	实数	成本型	CROIC
	民主问责 a_{33}	政府对民众诉求的回应	实数	成本型	CROIC
	政府有效性 a_{34}	公共服务的质量、行政部门的工作质量	实数	效益型	CROIC
	法制水平 a_{35}	法律执行程度、产权保护程度	实数	效益型	CROIC
	外部冲突 a_{36}	外部势力对该经济体的施压程度，是否有制裁，是否有冲突的可能性	实数	成本型	CROIC

续表

一级指标	二级指标	指标说明	类型	性质	数据来源
电力市场需求 A_5	用电人口比例 a_{37}	目标国用电总人数/目标国总人口数	实数	成本型	IEA
	人均用电量 a_{38}	目标国总用电量/目标国总人口数	实数	效益型	IEA
	总用电量 a_{39}	目标国总用电量	实数	效益型	IEA
	人均发电量 a_{40}	目标国总发电量/目标国总人口数	实数	效益型	IEA
	总发电量 a_{41}	目标国总发电量	实数	效益型	IEA
对华关系 A_6	是否签订 BIT a_{42}	1 表示已签订且生效；0.5 表示已签订未生效；0 表示未签订	实数	效益型	CROIC
	投资受阻程度 a_{43}	反映在东道国进行投资的受阻碍程度	实数	效益型	CROIC
	双边政治关系 a_{44}	反映两国之间政治友好程度	实数	效益型	CROIC
	贸易依存度 a_{45}	反映东道国对我国国际贸易的依赖程度	实数	效益型	CROIC
	投资依存度 a_{46}	反映东道国对我国对外直接投资的依赖程度	实数	效益型	CROIC
	免签情况 a_{47}	反映在东道国取得签证的便利程度	实数	效益型	CROIC
	舆论 a_{48}	东道国对我国的舆论友好程度	模糊数	效益型	专家评分

表 4 - 2　内部因素 B

一级指标	二级指标	指标说明	类型	性质	数据来源
财务评价 B₁	财务内部收益率（FIRR）b₁	计算期内 FNPV 为 0 时的收益率，动态反映了盈利情况	区间数	效益型	案例
	财务净现值（FNPV）b₂	按电力行业基准收益率计算汇总各年现金流到起始年份的现值，反映项目的可行性	区间数	效益型	案例
	项目动态投资回收期（Pt）b₃	反映资本盈利情况	区间数	成本型	案例
技术评价 B₂	与东道国技术标准的匹配程度 b₄	反映我国与东道国技术标准之间的差异	模糊数	效益型	专家评分
	技术贸易受阻程度 b₅	反映在技术转让、技术咨询等活动中的受阻碍程度	模糊数	成本型	专家评分
环保评价 B₃	执行东道国环保标准的代价 b₆	反映由于我国和东道国环保标准不同而要额外付出的成本	模糊数	成本型	专家评分
	环境友好程度 b₇	反映项目的环保程度	模糊数	效益型	专家评分
管理评价 B₄	人员专业素质 b₈	反映参与项目的我国和东道国人员的专业程度	模糊数	效益型	专家评分
	与东道国管理体制的差异 b₉	反映与东道国管理体制的差异程度	模糊数	成本型	专家评分

（2）数据来源和处理方法

本书指标体系中的数据大多数来自 CROIC 的评分数据，指标值用实数表示。CROIC 指标体系中的数据处理方法有以下两种。

①对于可获得定量原始数据的指标，对原始数据进行 0 - 1 标准化处理，使结果落到 [0，1] 范围内，处理后的值越大，风险越低。处理公式如下：

$$x^* = 1 - \left| \frac{x - x_{适宜值}}{max - min} \right| \qquad (4 - 22)$$

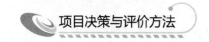

其中，x^* 为处理后的值，max 和 min 是所有数据中的最值，$x_{适宜值}$ 是定义为风险最低时相应的指标值。

②对于定性指标，则邀请专家打分后进行标准化或者采用其他数据来源中的定量值。

有部分指标是 CROIC 中没有提到的，根据其类型，使用实数、区间数或者三角模糊数进行衡量。如果能够在案例或者别的数据来源中找到原始数据，并且能够用公式计算出数值或区间，则用实数或区间数表示，否则就邀请专家进行打分，并转化成模糊数。确定了指标类型后，就用本章中提到的规范化方法进行下一步计算。

（3）指标说明

经过文献研究和实际情况考察之后，对所有指标进行整理、拆解、重新汇总，得到本书的指标体系，其中，外部因素中的一级指标包括经济基础、政治风险、社会弹性、偿债能力、对华关系和电力市场需求；内部因素分为财务评价、技术评价、环保评价和管理评价。一级指标下分各二级指标。

其中，每一个指标的含义和计算方法都在表中进行了说明，接下来将对一些不易理解的和计算复杂的指标加以详细说明，再对所有指标进行一些整理性说明。

①经济基础。

经济基础指标能反映出投资环境中对项目有最广泛、最根本性影响的外部因素，这些因素所反映的内容涵盖国家的基本经济面貌、投资资金的安全性、市场活力等方面，有好的经济基础是进行跨国投资的首要门槛。

a. GDP、人均 GDP、基尼系数可以反映出一个国家的总体经济发展水平和发展的均衡度；

b. 通货膨胀率和失业率可以反映一个国家的经济发展趋势和社会稳定性；

c. GDP 增速的波动系数反映了一个国家的发展稳定性；

d. 最后，三个指标从贸易、投资、资本账户三个方面衡量了一个国家的开放程度以及对国外资本的接受程度。

②偿债能力。

偿债能力指标可衡量一个国家的债务状况以及处理债务和应对重大财务风险的能力，即一定程度上反映了一个国家总体资产的稳定性和投资环境的稳定性。

a. 公共债务占 GDP 比重、经常账户余额占 GDP 比重、贸易条件、银行业不良资产比重和外债占 GDP 比重可以反映出一个国家的内部资金结构、债务状况和偿债能力；

b. 短期外债占总外债比重反映出一个国家短期内出现债务危机的可能性；

c. 外债占外汇储备比重反映出一国的外汇储备是否充足以及外汇偿债能力。

③社会弹性。

社会弹性指标反映了投资项目所在国的社会秩序和社会结构的方方面面，包括社会稳定性、安全性等，其中一些指标还能从侧面反映出营商环境的水平。

a. 教育水平反映出平均劳动力素质；

b. 环境政策、资本和人员流动的限制、劳动力市场管制和商业管制反映了一个国家营商环境的水平。

④政治风险。

政治风险指标可以反映出各国政府的执政稳定性和安全性以及法律环境是否有利于境外投资。政治风险指标所反映的内容对电网项目投资有基础性意义，不仅决定了建设项目能否实施，还决定了这项基础设施运营过程的安全性和稳定性。

a. 执政时间、政府稳定性、军事干预政治这三个二级指标反映了各国政府执政的稳定性和安全性；

b. 腐败/清廉指数、民主问责、政府有效性一定程度上反映了各国政府的执法水平和民众的满意程度；

c. 法制水平可以反映出投资项目的契约和产权能否受到有效保护，在司法过程中能否被公平对待。

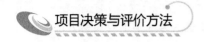

⑤电力市场需求。

电力市场需求对于评判境外电网投资项目的投资收益情况和运营风险有着重要意义，是衡量投资可行性的重要指标。其包括用电人口比例、人均用电量、总用电量和人均发电量和总发电量。它们都反映了未来市场的规模。

⑥对华关系。

对华关系指标衡量了影响中国企业在当地投资风险的双边投资政策、投资情绪。

a. 双方是否签订了 BIT 以及协定是否生效，将在一定程度上决定投资项目在境外能否稳定运行；

b. 通过德尔菲法，邀请专家分别对投资受阻程度和双边政治关系进行打分，对投资过程中可能受到的阻碍进行评估。

c. 其他指标中，贸易依存度和投资依存度衡量了中国和目标投资国之间的双边贸易或投资占该国贸易或投资的比重，表明中方投资对于该国的重要程度，即某种程度上反映了中方在该国投资的稳定性和安全性。

⑦财务评价。

财务评价指标主要从项目财务内部收益率、财务净现值和项目动态投资回收期三个方面对项目进行评价。这三个指标反映了项目的盈利情况，都是通过案例中的实际数据根据公式进行计算得到的。其中，财务净现值和项目动态投资回收期分别在大于 0 和小于行业基准值的情况下，才能参与方案比较。

⑧技术评价。

技术评价指标主要反映项目在技术交流方面的困难程度。

a. 与东道国技术标准的匹配程度，反映出我国技术标准和东道国技术标准的差异。两者差异越大，对投资决策越不利。现阶段，我国与一些非洲国家的技术标准差异比较大。

b. 技术贸易受阻程度是指由于东道国的相关法律、规定、条例或者各种检查制度对技术贸易造成的阻碍。甚至有时候，东道国为了保护或扶持自己国家的相关行业的发展而故意提高技术标准。

⑨环保评价。

环保评价从成本和效益两个方面来进行评判。

a. 执行东道国环保标准的代价是指因我国与东道国之间的环保标准以及环保政策有差异，所造成的额外的成本支出。现在，各国越来越重视环保问题，尤其是一些发达国家，他们的环保标准比较高。

b. 环境友好程度是指项目本身在技术、原材料以及施工方案选择、污染处理等方面对环境的友好程度。

⑩管理评价。

管理评价从人员专业素质和与东道国管理体制的差异两个方面来进行评估，当两个团队之间的管理体制有差异时，就会增加磨合的成本，从而阻碍项目进展。

4.3.4 境外电网投资项目多目标加权灰靶决策模型

1）根据层次分析法确定指标权重

（1）建立层次结构模型

运用层次分析法（AHP）建立网络结构模型来处理问题，主要用来处理内部结构错综复杂且内部信息不易量化的决策问题。利用少量的决策信息，把决策过程中的内在思维用数学语言描述出来，并且用数学语言进行分析和计算，最终得到相应的方案评价，从而辅助人们进行决策。也就是说，AHP 法是人脑的一种代替和延伸。

运用 AHP 法进行决策的第一步是将决策问题的内部信息层次化，构建递阶层次结构。在本书中，将把指标体系分为最高层、中间层和最低层。其中，决策的目标为最高层，决策的准则为中间层，直接参与评估的各项影响因素为最低层。图 4-4 为一般的 AHP 决策层次结构。

使用 AHP 法时，要求决策系统满足上层元素对下层元素起支配作用，且处在同一层中的元素之间是彼此独立的假设。在本书中，决策目标分为外部因素评价和内部因素评价，并且每一个决策目标下的一级指标之间相互独立，每一个一级指标下的二级指标也相互独立，因此符合 AHP 法的要

求，可以采用 AHP 法进行决策分析。

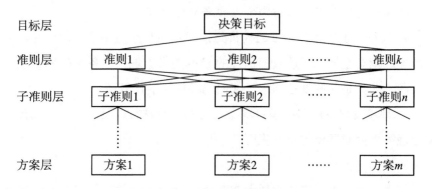

图 4 - 4　AHP 决策层次结构

（2）建立模糊判断矩阵

由于一级指标之间相互独立，所以本书可以按照 AHP 法，即仅仅根据一个准则，也就是一个一级指标，分别对每一个一级指标下的二级指标进行两两比较，建立模糊判断矩阵。

在本书中，该模型中模糊判断矩阵反映的是两个指标之间的相对重要程度，并且邀请了相关领域的专家进行判断。采用九标度法进行打分，此方法中每一种分值对应的含义如表 4 - 3 所示。

表 4 - 3　判断矩阵标度及含义

标度	含义
1	表示两两相比，同等重要
3	表示两两相比，前者比后者略重要
5	表示两两相比，前者比后者显著重要
7	表示两两相比，前者比后者极其重要
9	表示两两相比，前者比后者强烈重要
2，4，6，8	表示上述判断的中间值
倒数	表示和上述关系相反

（3）层次单排序和一致性检验

层次单排序就是根据模糊判断矩阵计算出对于某一级指标而言，相应下一级各指标的权重系数。运用模糊判断矩阵求出单层次排序向量的方法有很多，"特征根法"是其中最早提出、最具理论意义且应用范围最广泛的方法，"特征根法"能够最大程度地保存原始数据的保序性，因此，从中得到的结果也更为有效。

若模糊判断矩阵 A 满足 $Ax = \lambda x$ 的条件，则可通过行列式 $|A - \lambda E| = 0$，解得特征根 λ，其中，最大特征根 λ_{max} 对应的向量 x 即可以作为指标单层次排序向量的估计。

但是，还需要考察模糊判断矩阵是否适用于层次分析，这就需要对判断矩阵进行一致性检验。在实际分析中，由于实际中的决策对象和相关因素具有很强的复杂性以及专家进行判断时有不同的偏好与认知的差异，这也就意味着不可能让每一个模糊判断矩阵都具有完全一致性。因此，为检验判断矩阵的一致性，需要计算一致性指标 CI。

$$CI = \frac{(\lambda_{max} - n)}{(n - 1)} \tag{4 - 23}$$

其中，n 为模糊判断矩阵的阶数，当 $n < 3$ 时，一致性检验算法的适用效果比较好，但当 $n \geqslant 3$ 时，还要对一致性指标 CI 加以修正，修正式如下：

$$CR = CI/RI \tag{4 - 24}$$

其中，RI 为修正因子，取值情况见表 4 - 4。

表 4 - 4　修正因子

阶数	1	2	3	4	5	6	7	8	9	10	11	12	13	14	15
RI	0	0	0.58	0.90	1.12	1.24	1.32	1.41	1.45	1.49	1.52	1.54	1.56	1.58	1.59

一般地，若 $CR < 0.1$，则可以判定该矩阵满足一致性要求。

（4）确定专家权重

在本书中，对各专家采用平均权重，得到专家权重矩阵 P_k，k 为专家序号，假设一共有 q 个专家，$k = 1,2,3,\cdots,q$。

（5）最终结果

通过以上计算步骤，模糊判断矩阵可以得到这些二级因素相对于上一层因素的权重系数。再按照此方法确定各一级指标相对于总决策目标的权重系数，最终得到所需的全部下级指标对于上级指标的权重系数后，就可

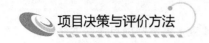

以计算出最底层指标，即各二级指标相对于总决策目标的相对重要程度，再乘以专家权重就得到了群决策之下的各指标权重。

至此，可以得到考虑了各专家权重后的最终权重：

$$v_i = v_i^k \cdot \boldsymbol{P}_k^{\mathrm{T}} \qquad (4-25)$$

2）建立境外电网投资项目多目标加权灰靶决策模型

经过上文的计算，我们已经得到了各级指标的权重系数。考虑到多目标灰靶决策对本书决策项目的适用性，所以本书选择建立混合多目标加权灰靶模型以进行决策。

（1）多目标加权灰靶决策模型的原理

由于真实案例中指标涵盖各个方面，在确定和量化指标时具有复杂性与不确定性，因此灰靶决策模型并不一定能够得到最优解，而是试图找到满意解。决策的大体思路是对所有的指标进行量化处理，接着对指标数据进行规范化，从而得到统一量纲或无量纲的、并且有对最终决策目标有统一作用方向的指标数值，使得上述指标分布在同一个灰靶上；统一作用方向后，分别找出每一个指标下的最优值，确定靶心位置后，再计算各方案到靶心的欧氏距离，确定靶心距，然后进行比较排序，得到最优解或满意解。

（2）建立多目标加权灰靶决策模型

在一个决策问题中，有 n 个拟定方案，m 个评价指标，记 $i = \{1, 2, \cdots, n\}$，$j = \{1, 2, \cdots, m\}$，第 n 个方案、第 m 个指标的量化数据记为 X_{ij}。

①指标量化。

首先，根据指标的不同性质，本书将指标分为三类，分别是可以直接测量计算的实数、可以依据现有信息进行预测的区间数以及基于专家判断的三角模糊数。三种指标的下标集分别记为 M_1、M_2、M_3，则决策矩阵 $\boldsymbol{X} = (X_{ij})_{n \times m}$ 的形式为：

$$X_{ij} = \begin{cases} X_{ij} & j \in M_1, i \in N \\ [X_{ij}^L, X_{ij}^U] & j \in M_2, i \in N \\ (X_{ij}^L, X_{ij}^M, X_{ij}^U) & j \in M_3, i \in N \end{cases} \qquad (4-26)$$

其中，X_{ij} 为实数值；X_{ij}^L 为区间数或三角模糊数的下限值；X_{ij}^M 为三角模糊数的最可能值；X_{ij}^U 为区间数或三角模糊数的上限值。

对三角模糊数作一下说明，多数定性指标本身存在很大的不确定性，一般情况下，只能用模糊语言对其进行描述，而很难通过确定的数值表示其内涵。三角模糊数是学术界中常用的一种将定性指标量化的模糊语言，三角模糊数用 $M = (l, m, u)$ 的形式来表示，其中 $l, m, u \in$ 实数集 **R** 且 $l < m < u$，分别表示对应指标可能取的最小值、最可能值和最大值。当 $l = m = u$ 时，三角模糊数即蜕化为实数。本书把定性指标分为5个等级，运用三角模糊数进行量化，二者的对应关系如表4-5所示。

表4-5　定性指标与三角模糊数的对应关系

定性描述	很低	低	一般	高	很高
三角模糊数	(0, 0.1, 0.2)	(0.2, 0.3, 0.4)	(0.4, 0.5, 0.6)	(0.6, 0.7, 0.8)	(0.8, 0.9, 1)

②指标规范化。

不同的指标，其量纲不一样，且对于决策结果所作用的方向也不一样。为了统一指标对投资决策的作用，需要根据指标的内涵，将上述指标分为效益型与成本型，然后分别进行规范化处理，从而得到统一量纲的欧式空间。

$$
\text{实数}\begin{cases}
\text{效益型}: r_{ij} = X_{ij} / \sqrt{\sum_{i=1}^{n} X_{ij}^2} & (i \in N, j \in M) \\
\text{成本型}: r_{ij} = (1/X_{ij}) / \sqrt{\sum_{i=1}^{n} (1/X_{ij})^2} & (i \in N, j \in M)
\end{cases}
$$

$$(4-27)$$

$$
\text{区间数}\begin{cases}
\text{效益型}\begin{cases}
r_{ij}^L = X_{ij}^L / \sqrt{\sum_{i=1}^{n} (X_{ij}^U)^2} \\
r_{ij}^U = X_{ij}^U / \sqrt{\sum_{i=1}^{n} (X_{ij}^L)^2}
\end{cases} & (i \in N, j \in M) \\
\text{成本型}\begin{cases}
r_{ij}^L = (1/X_{ij}^U) / \sqrt{\sum_{i=1}^{n} (1/X_{ij}^L)^2} \\
r_{ij}^U = (1/X_{ij}^L) / \sqrt{\sum_{i=1}^{n} (1/X_{ij}^U)^2}
\end{cases} & (i \in N, j \in M)
\end{cases}
$$

$$(4-28)$$

$$
模糊数
\begin{cases}
效益型
\begin{cases}
r_{ij}^L = X_{ij}^L \Big/ \sqrt{\sum_{i=1}^n (X_{ij}^U)^2} \\[3mm]
r_{ij}^M = X_{ij}^M \Big/ \sqrt{\sum_{i=1}^n (X_{ij}^M)^2} \quad (i \in N, j \in M) \\[3mm]
r_{ij}^U = X_{ij}^U \Big/ \sqrt{\sum_{i=1}^n (X_{ij}^L)^2}
\end{cases} \\[12mm]
成本型
\begin{cases}
r_{ij}^L = (1/X_{ij}^U) \Big/ \sqrt{\sum_{i=1}^n (1/X_{ij}^L)^2} \\[3mm]
r_{ij}^M = (1/X_{ij}^M) \Big/ \sqrt{\sum_{i=1}^n (1/X_{ij}^M)^2} \quad (i \in N, j \in M) \\[3mm]
r_{ij}^U = (1/X_{ij}^L) \Big/ \sqrt{\sum_{i=1}^n (1/X_{ij}^U)^2}
\end{cases}
\end{cases}
$$

$$(4-29)$$

③计算靶心和靶心距。

首先，通过下式确定靶心的位置。

$$
r_j^0 =
\begin{cases}
\max\{r_{ij} \,|\, j \in M_1, i \in N\} \\[2mm]
\max\{(r_{ij}^L + r_{ij}^U)/2 \,|\, j \in M_1, i \in N\} \\[2mm]
\max\{r_{ij}^M \,|\, j \in M_3, i \in N\}
\end{cases}
\qquad (4-30)
$$

它们对应的决策值分别记为 r_{i_0j}，$[\,r_{i_0j}^L, r_{i_0j}^U\,]$，$(r_{i_0j}^L, r_{i_0j}^M, r_{i_0j}^U)$。

其中，r_{ij} 为实数指标的规范化结果；r_{ij}^L 为区间数或三角模糊数的下限规范化结果；r_{ij}^U 为区间数或三角模糊数的上限规范化结果；r_{ij}^M 为三角模糊数的最可能指标规范化结果；r_j^0 为第 j 个指标的靶心位置。

设靶心所对应的决策值所构成的矩阵 $\boldsymbol{r}_0 = (r_1^0, r_2^0, \cdots, r_m^0)$，则第 i 方案的第 j 个指标值与靶心的距离可以用公式 4-31 表示。

$$d_{ij} = \begin{cases} d_{ij}^{M_1} = |r_{ij} - r_{i_0j}| & (j \in M_1, i \in N) \\[3mm] d_{ij}^{M_2} = \dfrac{\sqrt{2}}{2}\sqrt{(r_{ij}^L - r_{i_0j}^L)^2 + (r_{ij}^U - r_{i_0j}^U)^2} & (j \in M_2, i \in N) \\[3mm] d_{ij}^{M_3} = \dfrac{\sqrt{3}}{3}\sqrt{(r_{ij}^L - r_{i_0j}^L)^2 + (r_{ij}^M - r_{i_0j}^M)^2 + (r_{ij}^U - r_{i_0j}^U)^2} & (j \in M_3, i \in N) \end{cases}$$

$$(4-31)$$

其中，d_{ij} 为第 i 方案的第 j 个指标与靶心的距离；$d_{ij}^{M_1}$ 为实数值指标的靶心距；$d_{ij}^{M_2}$ 为区间数值指标的靶心距；$d_{ij}^{M_3}$ 为三角模糊数指标的靶心距；$D = \sqrt{(d_{ij}^{M_1})^2 + (d_{ij}^{M_2})^2 + (d_{ij}^{M_3})^2}$，为以 r_{ij}^0 为靶心的椭球灰靶。

则第 i 个方案的总体靶心距可以用式 4-32 表示。

$$d_i = \sum_{i=1}^{n} \sum_{j=1}^{m} v_j d_{ij} \qquad (4-32)$$

其中，v_j 为各影响指标的权重。

靶心距最小的方案为最优方案。

05

第 5 章
基于仿真技术的决策方法

5.1 仿真技术

计算机仿真技术是利用计算机科学和技术的成果建立被仿真的系统的模型，并在某些实验条件下对模型进行动态实验的一门综合性技术。它具有高效、安全、受环境条件的约束较少、可改变时间比例尺等优点，已成为分析、设计、运行、评价、培训系统（尤其是复杂系统）的重要工具。如系统动力学仿真模型、BIM 技术、WindSim 技术等，已经成为投资决策的重要工具。

5.1.1 BIM 技术

BIM 是建筑信息模型的简称，其概念于 2002 年被 Autodesk 公司提出，传统的建筑方式仍停留在二位图纸层面，而 BIM 技术以建筑三维信息模型为核心，可搭载时间维度、专业属性、状态信息、造价信息等多维度属性，借此来提高建筑工程的信息集成化程度，使得建筑全生命周期多专业协同效率提高，以减少成本并缩短工期。

BIM 有如下五个特点。

1）可视化

BIM 技术的核心是建筑的三维信息模型，传统的技术往往基于 CAD 图纸，而真正的构造形式则要求从业人员依据图纸线条进行想象，而借助 BIM 技术可以实现建筑模型的可视化，其模型不仅包含长、宽、高三个维度的信息，还可以加入时间、造价等多维度信息。模型的可视化，为理解建筑工程图纸提供了更为直观的方式，可视化模型还可以用于效果展示、

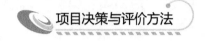

相关属性的报表生成。

2）协调性

在建筑全生命周期中涉及多方的协同作业，施工单位、建设单位、设计院的人员可通过 BIM 平台进行报表、图纸等信息的交互。而在建筑设计方面，多专业的设计人员可围绕基础的建筑模型进行协同设计，在设计阶段就可以发现管线碰撞、模型碰撞等问题，方便进行建筑设计的优化，大大提高了多专业协同的效率。

3）模拟性

BIM 技术是基于软件的技术，完整的建筑信息模型也基于多软件的协同，Revit 软件可以提供基础的三维建筑物模型，且以 Revit 为基础，还可以借助其他软件进行光环境分析、日照模拟、建筑全生命建设周期模拟、热能分析、造价分析等操作。

4）优化性

由于人力存在模拟能力的极限，同时建筑工程是多专业、多人合作的工程，因此存在信息流通的差异。这些信息差异会导致多专业协同受到阻碍，进而拖慢工程进度。时下的建筑越来越复杂，信息交互需求越来越频繁，人们开始寻求设备的帮助，BIM 则提供了一个方便优化的平台，比如，机电设计软件可以自动寻找管线碰撞问题，这就为复杂工程的优化提供了解决方案。

5）可出图性

如今，我们可以优先在 Revit 上绘制三维模型，进而导出施工需要的各类 CAD 图纸，使得相关人员可以将二维图纸和三维模型相结合，让工程表达更为详细。

目前，国外市面上的 BIM 软件有两大软件体系，一是提出 BIM 概念的 Autodesk 公司旗下的以 Revit、Auto CAD 为基础的软件体系，二是 Bentley 旗下以 AECOsim Building Designer 为基础的软件体系。

国内除了以上两个巨头的软件，还有广联达公司提供的适用于中国建筑标准的以造价为主的 BIM 软件。目前，各种以 Revit 为核心的插件开发公司，如橄榄山、建模大师等也在不断发展。

由于部分软件体系之间兼容困难和软件资源的价格因素，本书将着重介绍受众最广的 Autodesk 公司的 BIM 软件体系。

Revit 软件是 Autodesk 软件体系的核心，其可以用来建造建筑三维模型、也可以实现出图、模型漫游等操作。其之所以被称为 BIM 软件的核心，是因为多数软件功能的实现都是基于 Revit 导出的模型。同时，Revit 软件操作简便，也提供了插件接口，通过各类插件的安装，可以丰富 Revit 软件本身的功能。

Navisworks 是一款进度管理软件，可以将 Revit 模型和工程进度表导入其中，在 Navisworks 上将工程进度和相应的模型实体相联系，再将模型实体进行动画编排，就可以做出四维施工进度模拟动画，将施工进度变得可视化，方便了施工现场的调度和施工进度的加快。

橄榄山是我国出现较早的插件公司，其旗下的橄榄山快模为 Revit 软件提供了多种、批量的软件操作，丰富了 Revit 软件的功能，提升了建模人员的工作效率。

广联达是我国 BIM 行业的领头羊，其自主推出了适用于中国建筑标准的软件体系，如斑马进度计划软件、BIM5D 造价分析工具。广联达自主开发的软件体系，使得用户可不以 Revit 为基础，而在自家软件上完成基础建模过程。

5.1.2　WindSim 软件介绍

WindSim 软件是 WindSimAS 企业（挪威）自行研发设计的且具备知识产权的用于风能资源研究及模拟的一种软件，其借助科学的边界气象学及 CFD（计算流体力学）理论，借助仿真与系统研究某个地方的风能资源概况和特点，完善其风场规划，属于专业性较强的一种媒介。利用 CFD 模型对该区域进行风资源合理评估和微观风电场选址，本质上即为借助计算得出风场阈值范围内的流体力学微分方程，弄清楚此范围内的微观特性，然后结合空气流通的相关能量方程与区域分布，可将风机布置在高风区域，从而十分合理地防止风电机放在低值区，避免因此导致的非必要财产亏损。

与同类型风能资源预估模拟软件相比，WindSim 借助流体力学的理论与建模方法，可借助仿真区域风场了解资源概况，能模拟出三维方向上气流的波动，能够得出并设计风场内随便一个点位的风向和风速、湍流强度

及入流角度在叶轮扫风面内的波动，进而得出设计风电场各个点位的流线跟踪、垂直风廓线、模拟测风等数据。同时，其具有不同测风塔同步计算的性能。WindSim 软件并未针对风速轮廓方程设置任何条件参数，所以其能够全面仿真风场的负切变指数乃至旋涡流动，可应用于相对复杂地势的风场区域选址及风能预估。

WindSim 软件共涉及 6 个功能性板块，依次为地形处理、风场计算、对象布置、结果呈现模块、风资源计算及年发电量计算。

WindSim 所展示的界面，将数据前置计算处理（一部分属性信息的计算条件的输入）、解算器和其他后置计算处理（数据流场的信息显示和计算结果处理输出）直观清晰地展示出来，并将每一个模块的具体使用功能、操作说明及相关属性的定义解释一一展现在用户界面上，让用户可以非常直接地看到整体的计算过程。

该软件具有集成有预设参数处理的功能，该功能分为两个子功能，分别为风电机的点位确定及地势处理。作为 WindSim 软件的核心功能之一，地势处理具有地势参数的智能化分析功能，从而大大降低了地势因素对风电场选址的影响，保障了最终的风电场方案的效果。在应用过程中，将规范的数据输入 WindSim 软件，并对地形插值做光滑处理，即可得到标准的地形网格。此外，基于 WindSim 软件还可以实现网格嵌套功能，从而实现对个别位置的进一步优化操作。数据阈值及网格数量主要借助参数实现调节，涉及阈值、区域高值、各个方向网格数量及密度安排等。在此过程中，要嵌入一个地形参数文件，其中涉及仿真范畴的海拔情况及地表粗糙程度。风力机点位代表风机放在何处，并忽略其对流场的影响。基于此功能，应当给出相应的气象参数。这部分资料文件是通过测风装置的风向实时监测评估获取的频率数据给出的，其中风向包括 16 个，风速设置成 50 个，应核对 50 个风速所在阈值关联的频率高低。

WindSim 软件中实现计算功能的主要模块为解算器，该软件的解算器中集成了 Pheonics 的部分功能，可以实现对 CFD 流体力学相关问题的高效处理。计算过程中，可调整的指标有大气边界层指标概念（作为基础参数与临界参数）、迭代方法以及求解步数等。借助 WindSim，通过测风塔的实时监测情况，能够获取整体模拟范围内各个垂直高度在监测时段内的参数情况，包括水平风速均值等。

软件中的其他板块也都是专注于流场参数呈现及输出即后端处理单

元。Results 板块是借助流场呈现端口，此处采用 Glview 软件（由 Creeton 公司开发）把流场参数通过图片、形状的路径呈现给大家。借助流体力学方程获取的流场数值，属于一个三维方向离散的庞大参数聚合，在几万甚至几十万个方位布置了压力、速度等指标，反映了其在空间水平的波动情况。WindSim 借助 Glview 软件的参数反馈平台处理庞大的数据集合。处理大批量参数，借助等值线或者云图是很好的方式。等值线相当于地形的等高线，把高度一致的内容实现空间方位的衔接。类似地，把速度一致或压力相等的参数衔接到一起，能够清晰地反映其在空间维度的波动情况。若选取不同颜色象征其各自取值范围，就叫作等值云图。等值线和等值云图共同作用，能够把平面或空间范畴内整体的参数配置情况展现给大家。流场数据呈现同样涉及速度、风向等信息。结果分析模块（Energy）把部分数据处理手段形成集合，直接发送到客户端，防止中间步骤导致数据不准确。

5.2　基于 BIM 技术的园区光伏发电系统仿真决策

5.2.1　园区项目概况

本书园区项目为北方 H 大学园区，该园区地处暖温带，半湿润大陆性季风气候，年平均日照 2 684 小时，适合作为光伏建筑改造对象。

5.2.2　BIM 软件选择

在园区能源仿真的流程中，有两个流程需要使用 BIM 软件：其一是将园区建成三维信息模型，在这个阶段，笔者选择使用受众最广也是和其他软件兼容性最好的 Revit 软件进行三维建模；其二是光环境分析，在这个阶段，笔者选择 Ecotect Analysis 软件，这是一款建筑性能分析和优化软件，可以根据三维表现功能进行交互分析，用来动态模拟日照和阴影。Ecotect Analysis 作为 Autodesk 旗下产品，可以兼容 Revit 导出的 DXF，gbXML 数据格式，可以完成复杂建筑模型的动态模拟。同时，Ecotect Analysis 有友好的操作界面，只要建筑师具备基本的物理知识，就可操作，可提高办公效率。同时，Ecotect Analysis 可以将分析结果以图示形式导出，使得分析结果更为直观（见图 5 - 1）。

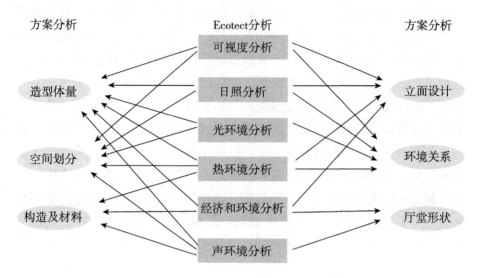

图 5 - 1 Ecotect Analysis 软件功能

5.2.3 BIM 设计流程

1）BIM 应用流程

（1）模型精度

在模型精度选择上，选择体量模型，建筑的长宽尺寸及形状以网络地图测量为准，建筑的标高按一层标高 3 米计算。

（2）绘制 CAD 平面图纸

基于网络地图尺寸来绘制 CAD 平面图，绘制比例为 1 : 1，细节上只选择建筑主体结构、绿地和围护结构。实际绘制中将网络地图截取并导入 Auto CAD 中做底图，并将比例调节为 1 : 1 进行绘制。然后使用 Auto CAD 将绘制好的平面图导出为 PDF，使用笔记 App 在 PDF 上标注出建筑各部分的标高。

（3）三维建模

将绘制好的 CAD 图纸导入 Revit 中做底图，用墙和楼板围出建筑的体量模型。

（4）光伏板模型的建造与安置

根据实际数据选择参数合适的太阳能光伏板，在 Revit 内建立角度可调整的太阳能光伏板模型，然后将太阳能光伏板模型安装在拟改造太阳能建筑的屋顶上。

（5）模型导出

Revit 和 Ecotect 可以通过两种方式进行单向数据交换。

gbXML 格式的文件是以空间为基础的模型，只包含房间的围护结构，其中，楼板、墙、门、洞等构件都是以面的形式来表达。因模型更为简约，系统分析速度也更快，gbXML 可以用来分析建筑的光环境、声环境、热环境、资源消耗量与太阳辐射、环境影响。

DXF 文件是详细的三维模型，分析和导入速度都较慢，与 gbXML 模型相比，DXF 模型中的构件有了厚度。DXF 模型可用于光环境分析、阴影遮挡分析、可视度分析等。DXF 模型导出后，还应使用记事本将文件编码格式改为 UTC－8 才能在 Ecotect 中正常打开。本书在操作上灵活使用上述两种格式导出文件，在光伏板模型分析上使用 DXF 文件导出，在建筑模型处理上使用 gbXML 文件导出。

2）三维模型建立详述

首先，将地图图片截取到 Auto CAD 中作为底图（见图 5 － 2）。将其缩放为 1∶1 尺寸，调整透明度，使其成为底图。

图 5 － 2　导入 Auto CAD 的地图

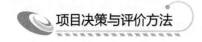

其次，基于 1：1 的 Auto CAD 底图绘制 H 大学园区的 CAD 平面图，如图 5 - 3。

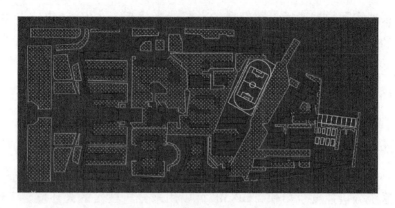

图 5 - 3　H 大学园区 CAD 平面图

再次，将绘制好的平面图以 CAD 格式导出，然后将其导入 Revit 0m 标高图层，在立面图中输入测量好的标高。用墙和楼板围出可用于光环境分析的体量模型。如图 5 - 4、图 5 - 5 所示。

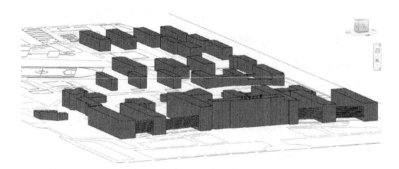

图 5 - 4　H 大学部分建筑体量模型

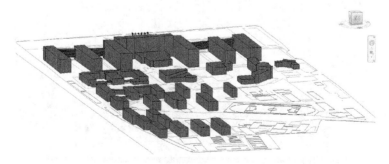

图 5 - 5　H 大学部分建筑体量模型

5.2.4　太阳能光伏板系统设计

1）负载特性

我们只选择一栋教学楼及一栋宿舍楼来进行光伏设计。

教学楼负载一般为电子仪器、灯具、空调、热水器、实验设备等，负载主要在白天，夏季有空调制冷需求时为用电高峰，需考虑夏季发电量更大。

宿舍楼负载一般为电子仪器、灯具、空调、热水器等设备，负载主要在夜晚，夏季有制冷需求，需要考虑夏季发电量更大。

2）辐射资源及气象地理条件

由于上述两座建筑的朝向不是正南，为了合理配置光伏板空间，使得光伏板方位角等于建筑方位角，即南偏东30°。

在倾斜角的选择上，一方面可以使用经验公式，另一方面可以使用软件模拟。本书使用 Ecotect 软件，进行不同角度光伏板太阳辐射分析，进而得出最优太阳能电池板的倾斜角。

在 Revit 上建立一组尺寸一致的太阳能光伏板体量模型，倾斜角为 0 ~ 90°，方位角为正南。

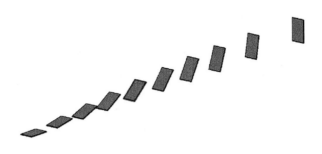

图 5 - 6　不同角度光伏板模型

将光伏板模型导出为 DXF 格式，再导入 Ecotect 中，将模型经纬度设置为 H 大学所在的经纬度，并导入市气象文件。由于本书将光伏板模型放在一起分析，所以应当考虑阴影影响。图 5 - 7 为光伏板模型全时段阴影分析结果。经测试，9：00—17：00 时，前方光伏板阴影不会影响后方光伏板。

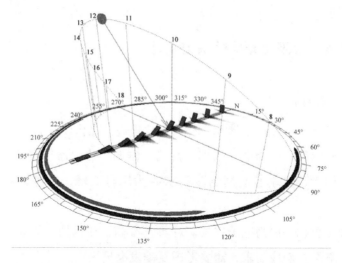

图 5 - 7　光伏板模型全时段阴影分析结果

图 5 - 8　经纬度、时区设置及北京市气象文件导入

　　在 3D 编辑页面选中所有太阳能光伏板模型进行全年太阳辐射分析。分析时段为 8：00—18：00。分析结果如表 5 - 1、图 5 - 9 和图 5 - 10 所示。

表 5 - 1　不同倾角太阳能电池板辐射分析

倾角（°）	直接辐射（Wh/m²）	间接辐射（Wh/m²）	总辐射（Wh/m²）
0	635 040	480 759	1 115 799
10	713 462	475 926	1 189 388
20	770 093	462 046	1 232 139
30	803 324	440 598	1 243 922
40	813 593	413 070	1 226 663
50	797 296	380 999	1 178 295
60	756 249	345 981	1 102 230
70	693 222	309 588	1 002 810
80	609 411	273 222	882 633
90	507 937	238 418	746 355

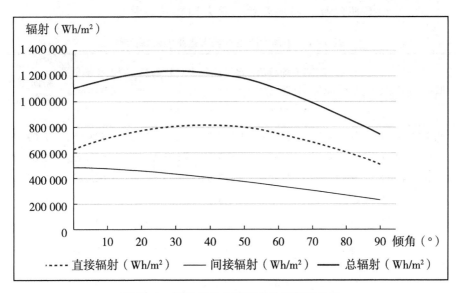

图 5 – 9　不同倾角太阳能电池板辐射分析

据图分析，方位角为正南的前提下，倾斜角为 30° 时，光伏板表面接受的光辐射最强。因而在后续的光伏板建模中，倾斜角选用 30°。

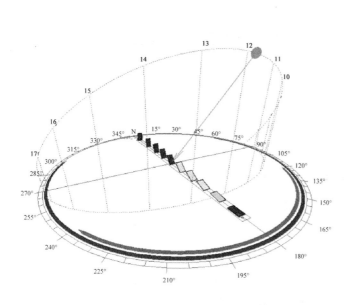

图 5 – 10　Ecotect 不同角度光伏板平面分析结果图示

3）峰值日照时数、阴雨天数及年太阳辐射总量

表 5 - 2　中国大陆主要城市太阳能资源数据

城市	纬度	最佳倾角	平均峰值日照时数（h）	水平面年平均辐射量		斜面年辐射量 kWh/m² （平均）	斜面修正系数 Kop
				kWh/m²	kJ/cm²		
北京	39.80°	纬度 +4°	5.01	1 547.31	557.03	1 828.55	1.097 6
天津	39.10°	纬度 +5°	4.65	1 455.54	523.99	1 695.43	1.069 2
哈尔滨	45.68°	纬度 +3°	4.39	1 287.94	463.66	1 605.80	1.140 0
沈阳	41.77°	纬度 +1°	4.60	1 398.46	503.44	1 679.31	1.067 1
长春	43.90°	纬度 +1°	4.75	1 376.05	495.38	1 736.49	1.154 8
呼和浩特	40.78°	纬度 +3°	5.57	1 680.42	604.95	2 035.38	1.146 8
太原	37.78°	纬度 +5°	4.83	1 527.02	549.73	1 763.56	1.100 5
乌鲁木齐	43.78°	纬度 +12°	4.60	1 466.49	527.94	1 682.45	1.009 2
西宁	36.75°	纬度 +1°	5.45	1 701.01	612.36	1 988.95	1.136 0
兰州	36.05°	纬度 +8°	4.40	1 517.39	546.26	1 606.21	0.948 9
银川	38.48°	纬度 +2°	5.45	1 678.29	604.19	1 988.74	1.155 9
西安	34.30°	纬度 +14°	3.59	1 295.85	466.51	1 313.19	0.927 5

根据表 5 - 2，取该地区平均峰值日照时数为 5 小时，水平面年平均辐射量为 1 547.31kWh/m² 每平方米。根据经验数据，该市连续阴雨天数为 2.1 天。

4）光伏板选型

太阳能光伏电池板是太阳能光伏系统中的核心组成部分，其作用为将太阳光中的辐射能量转换为电能，目前应用最为广泛的晶体硅电池，分为单晶硅太阳能电池、非晶硅太阳能电池和多晶硅太阳能电池。

多晶硅太阳能电池板的生产过程中消耗的能量比单晶硅太阳能电池板少 30% 左右，同时，多晶硅太阳能电池板的生产成本也低于单晶硅太阳能电池板。出于成本方面的考虑，多晶硅太阳能电池板更为实惠。

光伏板选择多晶硅光伏板，组件功率 300W，开路电压 38.66V，短路电流 9.41A，组件尺寸 1.65m×0.99m×0.03m。

5）支架和基础设计

支架和基础设计共设计两种排列方式：如图 5 - 11 所示，光伏板采用组件横向排列组合。建立 Revit 公制常规模型，倾斜角为 30°。图 5 - 12 为纵向排布，适用于狭窄角落太阳能光伏板的排布。

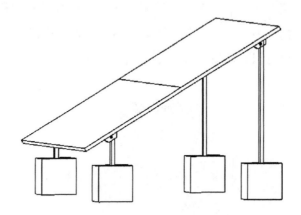

图 5 - 11　Revit 自建太阳能光伏板横向排布

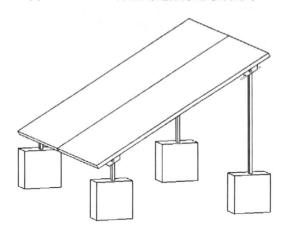

图 5 - 12　Revit 自建太阳能光伏板纵向排布

5.2.5　太阳能光伏板安置

1）建筑阴影分析

因大学园区内建筑分布复杂，在安置太阳能光伏板之前需对建筑进行阴影分析，尽量选择在不被阴影遮挡区域安装，以保证太阳能光伏板的发电效率。

将 H 大学模型导出为 gbXML 格式，并使用记事本转码为 UTC-8，将 gbXML 格式文件导入 Ecotect 软件中，勾选"阴影范围"。切换至俯视图分别查看两栋建筑在 9:00—17:00 被阴影遮挡的情况。据阴影分析结果可以初步得出结论，教 3 楼西北部分阴影区不宜安置光伏板，8B 宿舍楼没有其他建筑遮挡，可以自由安置光伏板。

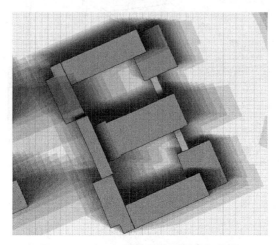

图 5-13　H 大学教 3 楼阴影分析结果

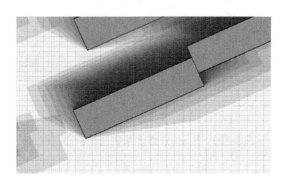

图 5-14　H 大学 8B 宿舍楼阴影分析

2）光伏板间距分析

除了光伏板位置，还应当考虑光伏板安装间距，使得光伏板间没有阴影遮挡。在后续的分析中，将使用光伏板体量模型，因原模型面数过多，导致将 DXF 文件导入 Ecotect 软件需要的时间过长。在不影响原模型遮挡效果的前提下，将光伏板模型去掉支座和基础，只保留受光面。

将光伏板间距设置为3.5m，将体量模型导出为DXF格式并导入Ecotect中进行阴影分析，结果如图5-15所示。得出以下结论：光伏板间距3.5m时不会发生遮挡。

图5-15 太阳能光伏板间距3.5m阴影分析

3）光伏板位置分析

根据上文得出的结论，方位角选择与建筑方位角一致，倾斜角为30度，光伏板间距为3.5m，且避开周边建筑对其遮挡区域进行教3楼及8B宿舍楼的光伏板安装。

使用Revit将绘制好的光伏板族导入H大学模型中，并对其进行阵列操作，得到图5-16、图5-17所示的结果。

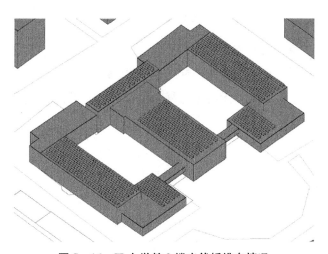

图5-16 H大学教3楼光伏板排布情况

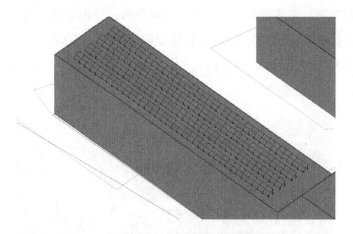

图 5 – 17　H 大学 8B 宿舍楼光伏板排布情况

5.2.6　基于 BIM 的太阳能发电量预测

1）现有的太阳能建筑发电预测软件流程

在太阳能光伏发电量预测过程中，我们会遵循如下流程：首先，获取相应的地理位置信息，分析这一地区的气候条件；其次，计算太阳能光伏板的相关数据，确定其倾斜角度、安装方式及行距；最后，确定太阳能光伏板的安装位置。

2）现有太阳能建筑发电预测软件的不足

（1）没有考虑周边建筑的遮挡因素

在实际应用中，建筑所处的环境往往是复杂的。现有的太阳能发电预测软件的建模能力有限，无法考虑复杂建筑环境下的遮挡因素。

（2）建模能力不足

现有的光伏发电预测软件建模能力远不如 Revit 强大，使用 Revit 可以实现复杂建筑结构建模，随着建筑行业发展日新月异，会有越来越多特殊构造的建筑出现，而且使用传统光伏预测软件往往需要进行二次建模，在 BIM 流行的大趋势下，只要构建出建筑模型，就可以进行光伏模型的设计，大大减少了光伏建筑设计的工作量。

（3）光伏构建数据管理能力不足

在模型的建立过程中，传统的光伏发电预测软件，难以对光伏板性能指标、出场数据等进行管理。BIM 可以实现多维度信息的整合，将光伏构件的属性附加在模型上，便于管理和筛选。

3）Ecotect 体量模型整合

基于上文对 Ecotect 文件导出格式的介绍，建筑模型只适合导出 gbXML 格式，导出 DXF 格式会导致导入和分析的时间过长，而光伏板模型无法划定为房间的构件，只能导出为 DXF 格式。在这个问题的处理上，首先在 Revit 上完成 H 大学光伏板体量模型的构建，为了便于分析，太阳能光伏板被替换成体量模型。

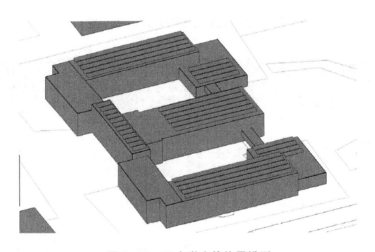

图 5 – 18　H 大学光伏体量模型

隔离光伏板体量模型，并将其导出为 DXF 格式，导入 Ecotect 中，导出为 eco 格式。同理，隔离建筑模型，将其导出为 gbXML 格式，导入 Ecotect 中转换为 eco 格式，之后将两个 eco 格式文件合并为一个文件，以此来实现建筑和光伏板模型在 Ecotect 中的整合，同时因建模量较大的建筑模型是 gbXML 格式，极大地提高了模型的分析和导入速度。

4）园区方案发电量预测

打开上文整合好的 eco 文件，切换至三维编辑页面，依次选择每一块光伏板体量模型，在右侧"选集信息"选项卡下设置构件类型为"太阳能

收集器"，首选材质和可选材质选择为"SolarCollector"，如图 5 – 19 所示，点击"计算"选项卡下的"区域间"相邻选项，进行参数设置，如图 5 – 20 所示。

图 5 – 19   太阳能光伏板选集信息设置

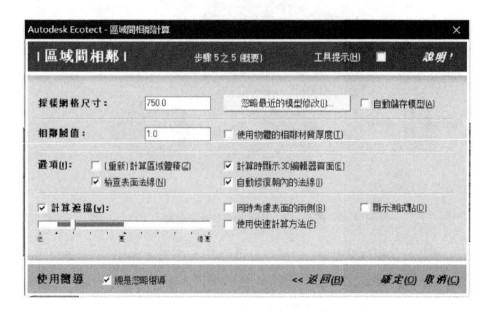

图 5 – 20   区域间相邻选项卡设置

等待计算完成并关闭结束时的错误分析报告。打开左侧"分析页面"选项卡，在"资源消耗"选项卡下完成如图 5 – 21 的设置，并点击"计算"，结果分析图如图 5 – 22 所示，该分析图表示太阳能光伏板逐日发电量，并在右下方汇总出逐月统计数据。

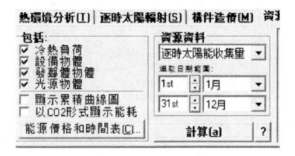

图 5 - 21　资源消耗选项卡设置

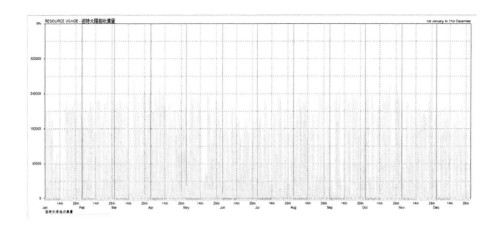

图 5 - 22　教 3 楼顶光伏板逐时发电量

表 5 - 3　教 3 楼顶光伏板发电量逐月累计表

月份	发电量（Wh）
一月	19 602 032
二月	23 734 970
三月	27 146 942
四月	30 194 504
五月	31 360 808
六月	28 787 936
七月	27 002 832
八月	26 339 930
九月	22 221 270

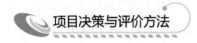
续表

月份	发电量（Wh）
十月	24 058 274
十一月	20 415 404
十二月	17 524 980
总发电量（kWh）	298 389.882

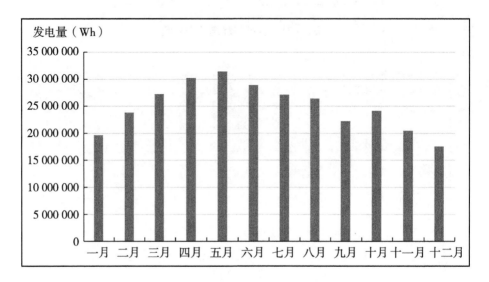

图 5 – 23　教 3 楼光伏板发电量逐月累计条形图

同理，整理出 8B 宿舍楼光伏板方案发电量。

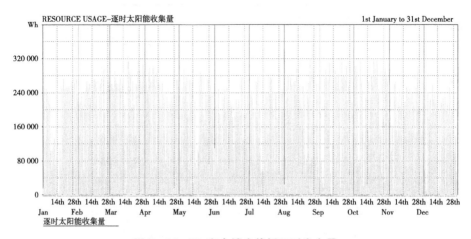

图 5 – 24　8B 宿舍楼光伏板逐时发电量

表 5 - 4　8B 宿舍楼光伏板发电量逐月累计表

月份	发电量（Wh）
一月	5 701 987
二月	6 833 170
三月	8 058 318
四月	8 681 659
五月	9 060 870
六月	8 026 207
七月	7 577 638
八月	7 888 217
九月	6 535 168
十月	6 942 034
十一月	5 984 679
十二月	5 057 841
总发电量（kWh）	86 347. 788

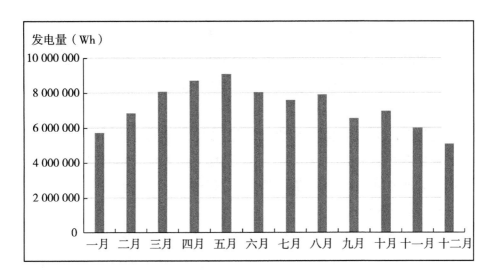

图 5 - 25　8B 宿舍楼光伏板发电量逐月累计条形图

5）光伏发电量检验

根据商家提供的光伏板实际应用数据，该市光伏发电年利用小时数约

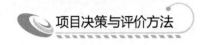

为 1 265 小时，12 块此规格的光伏板占地面积约为 20m²，功率为 3.3kW，平均一天可以发 11.4kWh 电。

以无阴影遮挡的 8B 宿舍楼为例，检验软件计算数值是否准确。8B 宿舍楼光伏板安装面积总计约 475m²。在方位角为正南、倾斜角为 30° 的情况下，估算 8B 宿舍楼光伏板方案全年发电量计算如下：

$$475 \div 20 \times 11.4 \times 365 = 98\ 823.75\ （kWh）$$

由于本方案方位角为南偏东 30°，光伏方阵发电量将减少 10% ~ 15%。因此，本例中光伏板发电量估值为 84 000.187 5 ~ 88 941.375kWh。

使用 Ecotect 软件分析得出 12 个月光伏板发电量总和为86 347.788kWh，位于估计区间内，则用 Ecotect 软件分析所得数据贴合现实估计。

5.3 基于 WindSim 仿真分析的风电场选址决策

5.3.1 风电场选址分类

通常，将风电场选址分为宏观选址、微观选址两个阶段。

风电场宏观选址，即风电场场址的选择，是指对一些备选区域所对应的条件进行全方位的分析，综合考虑风功率占全年的比率、湍流强度、风功率密度、年有效利用小时数等。地质因素需要考虑是否有发生地震、火灾、山体滑坡等地质灾害和沙尘、雷电、冰雹、台风等气象灾害的可能。此外，还需要考虑诸如接入上网电量、节能减排情况、环境保护以及水土保持等多种评价指标进行评价，同时对分析结果进行汇总，最后选择一个综合评价最好的地址。

我们需要在认真研究国家和该行政区域已知风电产业发展总体规划的基础上，仔细研究、收集各个区域已知风能发电资源的综合分布利用情况，还要及时收集各个区域已知风电场的交通运行数据，对各个已知风电场址的区域风能发电资源的分布情况、电网土地接入利用情况和其他影响因素进行综合分析和比较。

风电场微观方面的选址，是更深一步的精确选址，是在风电场整个宏观方面选址的基础上进行的，选址过程规划是指在整个国家宏观风电场建设选址所选定的风电场选址区域范围内，规划大型风力发电场所建设工程机组的整体结构功能分布以及地理位置，从而最终使整个大型风电场正常工作运行和在物理变化状态下的性能达到最佳，进而最终达到使整个大型风电场所的建设机组具有最大的经济效益和最大的社会效益。风电场选址的影响因素有很多，如针对风力发电站机组的结构布置、风电场噪音影响分布率的计算等。其中，风电开发机组的风能布置利用极为重要，它往往受到电机风能综合利用系数、电机运行功率分布曲线等诸多因素的直接影响。

本书主要从宏观层面对风电场选址的问题进行分析，无特殊说明，下文的风电场选址均专指风电场宏观选址。

5.3.2　基于 WindSim 仿真的指标分析

综合前文考虑环境、经济、地理、技术等多方面的因素进行风电场选址的综合分析，基于 WindSim 软件对风电场的模拟及年发电量的测算，得出风电场全面、客观的评价指标体系。基于该软件实现对模拟场址内风资源的流体力学分析，可以计算气流在三维方向上的变化。

1）地形模块

首先，该软件的地形模块基于高度、粗糙度给出了三维数字地形模型，并以图片的形式直观地给出结果。

不同的植被用不同的粗糙度、高度进行模化，而粗糙度、高度数据也保存在地形数据文件中。该软件的"二维场"报告页，不仅展示了区域高度图，还可以看到该区域地形的粗糙度情况，且在模块中给出了最大二阶导数值和倾斜度参数。在平滑处理之后，将给出原始高度以及平滑处理之后的高度数据差值。

2）风场模块

在风场计算模块，WindSim 软件主要是给出风场模拟的收敛性，而风场的模拟收敛性分析过程需要分别计算对应的湍流频率点值、湍流损耗

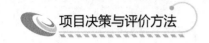

率、湍流动能以及速度矢量数据，且各个参数均以最大值、最小值的形式进行比例缩放。在属性栏设计有收敛标准设定栏目，若残差值低于设定收敛标准，则系统停止模拟。除了各指标点值的收敛图示外，还可以从WindSim软件中看到风场的收敛表。如果收敛表中关于风场模拟计算得出的参数符合收敛判定标准，则对应状态C，表明其结果为收敛。如果在历经设定次数的迭代后无法达到收敛状态，则表明该结果为发散，并显示为状态D。在这一步计算过程中，要求风场模拟计算参数与发展状况对应的状态均为C，如果有－或D则表示有某一或某些扇区并未达到收敛，无法进行下一步计算。此时应该返回上一步，检查地形模块中的地形数据是否正确，框选范围是否是风电场的最佳备选范围，如果都满足条件，则须检查网格划分的情况。对于复杂的地形条件，需要进行更精密的网格划分，才能在风场模块计算的过程中得到收敛的风场。

3）对象模块

在进行迁移测风塔、测风塔以及风机的放置位置选择时，可以采用对象模块进行仿真分析，得出较为可靠的结果。为了得到更好的可视化效果，在三维地形模型中也可放置各种几何物体。将可视化模型中的对象设置为可见或隐藏。隐藏的风机不参与发电量计算。同样地，隐藏的测风塔也不参与风能资源和发电量的计算。测风数据以风玫瑰图来表征，Wind-Sim软件给出了风机在不同的速度域（区间）和不同风向（扇区）上的平均风速。将原始风速数据划分为多个速度区间，在40 m/s的范围内，若风玫瑰图中的风速参数超出16 m/s，则风速均被集中起来，进行来流风向的划分，得到十二个扇区，且第一个扇区的中心为正北方向。在对象模块中，我们可以看到风机的实际排布情况，如果有该地区的布局图示或实际地理情况的纹理图片，将其加载到地形文件中，就可以更加直观地看到该风场的地形状况，风机在该区域的实际分布情况，风机、测风塔和其他三维物体都可以展示在三维动画地图中，这样更加贴近风场运行的实际视觉效果。

在对象模块还可以看到风机的一些特性，包括测风数据的特性、测风塔的风玫瑰图以及测风塔的威布尔分布。

在对象分析模块，我们不仅可以看到测风塔所有扇区的风玫瑰图及威布尔分布图，还可以指定某一扇区，进而得到单一扇区的风玫瑰图及威布尔分布图。

在对象模块中，从 WindSim 软件中可以看到三维地图中风机分布的展示，如果地面高度数据足够详尽，就可以得到更贴近真实的风电场布置地形图。不仅如此，在对象模块中可以直观地看到某备选区域测风塔的测风数据，通过该测风塔的风玫瑰图、威布尔分布图，可以直观地了解到该区域包括风速、风向在内的的风资源数据情况，有助于对地理因素中的风资源特性指标进行评价；也可以通过测风数据特性表了解具体的平均风速的数值。此外，还可以了解风机的功率特性。在这一模块中，WindSim 软件可以进行噪声计算，对社会环境因素方面的噪声影响分析提供了部分数据支撑。

4）结果模块

结果模块的本质是对风场模块的计算结果的可视化，它没有进行新的运算，而是前面工作可视化的展现。用户基于结果模块进行风场二维平面相关数据的提取，二维风场垂直方向涵盖了从地面至风场模块所设置的输出简化风数据库的高度之间的所有风场数据。在这个模块中，可以选择性地查看速度标量：X、Y 分别表示东西、南北方向的速度标量，分别表示为 $UCRT$ 和 $VCRT$；Z 则表示为 $WCRT$，表征垂直方向的速度标量。XY 平面即水平面，其速度标量则表示为 $SQRT$，XYZ 速度标量表示三维空间内的速度标量，表示为 $WCRT$。速度矢量 XY 表示水平面的速度矢量，即（$UCRT$，$VCRT$，0）；三维空间的速度矢量则为 XYZ，并表示为（$UCRT$，$VCRT$，$WCRT$）。方向标量主要表征水平面的风向，单位是"°"；相对来流的水平风向表示为相对方向标量，单位是"°"；湍流动能表示为 KE，湍流耗散率表示为 EP，海平面的压力设定为 0，但在计算中需要减去静压，入流角表示风向与水平面的夹角，表示为 $ATAN$，单位是"°"。

在对已有数据进行归一化处理时，可以选择下列归一化方法。

①非归一化，即显示未经归一化处理的原始结果。

②根据测风数据归一化，根据第一个可视的测风塔对象进行归一化。

③根据标量值进行归一化，根据"标量值栏目"中规定的标量值来进行归一化。

④当选择根据测风塔进行归一化时，就会得到一个关于加速比的分布图。在处理地形模块时，如果对地形网格进行更精细的划分，此处的分布图也会更加细致。

5）风资源模块

风资源模块用于生成指定高度的风资源图，在这个模块中，还提供了三种尾流模型，可以用尾流模型来关注风电场的尾流损耗情况。

采用 CFD 法或者解析式可以完成尾流效应的方程求解，对应的解析式在计算过程中计算量小，因此算法效率要高于 CFD 法，所以往往优先采用解析式进行计算。本次设计同样选择解析式进行尾流模型的计算。它们都是计算归一化的速度衰减单尾流模型。

风资源模块会根据之前用到的测风数据，给出功率密度图、测风塔权重图。

在权重图中可以看到，在风场中每一个风机所处的位置，测风塔的权重分别是多少。软件采用了距离反比的方式，也就是说，风机距离哪个测风塔更近，这个测风塔对这个风机的权重就更大。

6）发电量模块

发电量模块，主要是年发电量的计算。这一模块是 WindSim 软件中对风电场选址影响最大的模块，通过对风电场年发电量的测算，我们可以为上文提到过的很多评价指标提供强有力的数据支撑和理论支持。软件集成的年发电量计算模块，可以进行常见风电机组发电总量的计算，且对于不同的测风数据，该软件给出各套测风数据对应的年发电量数据。我们结合不同测风数据得出的年发电量数据的对比值，可以一目了然地分析发电量结果。

在发电量模块中，针对每一个测风数据，WindSim 软件都给出了两种年发电量的计算结果，第一种是根据频率分布计算出来的年发电量，第二种是根据威布尔拟合计算出来的年发电量。最后，还会给出根据所有的测风数据，加权综合出来的频率分布年发电量以及威布尔拟合年发电量。每一个年发电量的数值，都对应着这种算法下每一台风机具体的风速、功率密度、毛发电量、尾流耗损之后的发电量以及尾流损失。在单台风机的发电量中，还可以看到该风机各个扇区的发电量以及加速比的情况。

在发电量模块，可以清楚地看到对整个风电场的年发电量测算的情况，通过不同的测风塔的测风数据，都可以计算出对应的发电量。此外，还可以看到每一个风机具体的发电量。在单台风机的发电量中，还可以看到该风机各个扇区的发电量以及加速比。在整个风电场建设和选址的过程中，年发电量这一指标是非常关键且重要的。在整个风电场的选址指标评估体系中，年发电量影响着众多评价指标，如技术因素中的上网电量以及投资回收期、净现值等相关经济指标。所以，年发电量的精确计算，对风电场选址起着至关重要的作用。

5.3.3　构建风电场选址指标体系

基于上文讨论的选取评价指标的影响因素，风电场选址决策的评价指标选取情况如表5－5所示：

表5－5　指标选取情况

一级指标	二级指标
地理因素（B1）	风速（C1）
	风向（C2）
	风功率密度（C3）
	地质条件（C4）
	气象灾害（C5）
技术因素（B2）	运输时间（C6）
	运输费用（C7）
	运输风险（C8）
	运输难度（C9）
	接入电网线路长度（C10）
	上网电量（C11）

（风电选址决策 A）

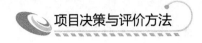

续表

一级指标		二级指标
风电选址 决策 A	环境因素（B3）	鸟类迁徙（C12）
		自然保护（C13）
		水土流失（C14）
		噪声影响（C15）
		电磁干扰（C16）
		节能减排（C17）
	经济因素（B4）	内部收益率（C18）
		投资回收期（C19）

在地理因素的影响中，对当前风电场选址的实际情况与 WindSim 软件和仿真结果进行综合分析，最终选取了风速、风向、风功率密度、地质条件、气象灾害五个指标，技术因素则重点考虑并网以及交通运输条件两个关键因素，最终选取了运输时间、运输费用、运输风险、运输难度、接入电网线路难度和上网电量六个指标。环境因素对选址决策的影响，主要是考虑自然环境和社会环境两方面的影响，最终选取了鸟类迁徙、自然保护、水土流失、噪声影响、电磁干扰及节能减排六个指标。最后考虑到经济因素对选址决策的影响，选取了两个对选址决策影响比较重要的指标，即内部收益率和投资回收期。

5.3.4 风电场选址综合评价模型

本书最终使用网络分析法与模糊评价相结合的评价方法，并在此过程中，适当运用 Delphi 法（德尔菲法），最终得出对风电场选址的综合评价。

Delphi 法也被称作专家打分法，它的本质特点在于将专家的专业知识和实践经验相结合，以此来对各个评价指标的权重进行赋值。在实际应用时，为了获得比较令人满意的结果，还需要对这些评价指标进行持续的反馈和修正。Delphi 法的操作步骤如下。

①选定专家。这是整个环节的关键所在，能否选取适合的专家决定着

最终结果是否可靠。一般来讲，会从涉及本专业及其相关专业的领域中挑选出理论功底扎实深厚、长期进行丰富实践的专家，在征得他们的同意后，最终选取 10～30 人，进行打分。

②请上述各行各业的专家，针对所有需要进行评价的指标以及它们的相关信息材料，按照已经制定好的评价标准，分别各自给出分数。

③根据打分结果，求得所有指标分数的平均值。

④请上述专家根据这个均值及其他有待补充的说明，对之前的打分进行修正，也可以重新给出与之前不同的分数。

⑤重复③④两步，当各位专家的意见不再出现较大偏差时，就得到了该指标的权重。

与 Delphi 法相结合运用的是两两比较法。也就是说，当有数量极大的指标需要给出权重时，通常并不容易把握每一项指标在整体中的重要性，无法给出精确的结论，或者此时的分数有较大误差。如果是两个指标相互比较，则可以轻松给出分数。

结合 WindSim 软件对风电场的仿真结果，综合分析并选取上文提到的影响风电场选址的各种因素，建立风电场选址决策的递阶网络结构，该结构包含网络层及控制层，其中，控制层涵盖准则以及目标两方面的内容，目标即风电场选址决策（A）；准则包含四大方面，分别为地理因素（B1）、技术因素（B2）、环境因素（B3）和经济因素（B4）。通过网络层进行准确的细化分析。在本研究模型中，网络层有四个元素集，共选取了 19 个指标。

1）基于网络分析法对指标赋权

（1）构建未加权超矩阵

在 ANP 的网络层中，由于比较的元素之间的关系可能并不是相互独立的，它们之间可能存在相互依存或相互关联的关系，因此不能直接两两进行比较。所以在评价模型中一般将"优势度"来作为判别方法。

直接优势度：结合确定的准则进行两个元素的重要程度对比分析。

间接优势度：结合确定的准则进行两元素相对于第三个元素的比较分析，确定其影响程度。

在 ANP 法中，基于间接优势度法进行网络层权重判断更具适用性。

本设计基于九级梯度的方式进行元素的分析，并在此基础上完成矩阵的构建。如表 5 - 6 所示。

表 5 - 6　重要性标度等级表

重要性标度	含义
1	表示两个元素相比，两者同等重要
3	表示两个元素相比，前者比后者稍微重要
5	表示两个元素相比，前者比后者明显重要
7	表示两个元素相比，前者比后者强烈重要
9	表示两个元素相比，前者比后者极端重要
2，4，6，8	表示上述判断的中间值
倒数	若元素 C_i 与元素 C_j 的重要性之比为 r_{ij}，则元素 C_j 与元素 C_i 的重要性之比为 $r_{ji} = 1/r_{ij}$

在这个比较的过程中，判断矩阵的本质被认为是主观评价的过程：由专家将某一个等级当中的所有指标，以它在其上一个等级中的指标为准则，并进行两两比较，确定它们的重要性和适用程度。

设 ANP 控制层对应的元素为 A_1，A_2，$\cdots$，A_m，网络层的因素集为 B_1，B_2，$\cdots$，B_n，且 B_i 中包含 e_{i1}，e_{i2}，$\cdots$，e_{in_i}，$i = 1$，2，$\cdots$，n。分别将控制层元素 A_s（$s = 1$，2，$\cdots$，m）和 B_j 中包含的元素 e_{jk}（$k = 1$，2，$\cdots$，n_j）作为准则和次准则，将元素集 B_i 中元素按其对 e_{jk} 的间接优势度确定其影响力大小，由此确定判断矩阵 W_{ij} 为：

e_{jk}	e_{i1}	e_{i2}	$\vdots$	e_{in_i}	归一化特征向量 W_{ij}
e_{i1}					W_{i1}^{jk}
e_{i2}					W_{i2}^{jk}
$\vdots$					$\cdots$
e_{in_i}					$W_{in_i}^{jk}$

通过特征根法可以得到权重向量 W_{i1}^{jk}，W_{i2}^{jk}，…，$W_{in_i}^{jk}$，对于 $k = 1$，2，…，n_i，重复上述步骤，可得特征向量矩阵 W_{ij}。

$$W_{ij} = \begin{bmatrix} W_{i1}^{j1} & W_{i1}^{j2} & \cdots & W_{i1}^{jn_j} \\ W_{i2}^{j1} & W_{i2}^{j2} & \cdots & W_{i2}^{jn_j} \\ \vdots & \vdots & & \vdots \\ W_{in_i}^{j1} & W_{in_i}^{j2} & \cdots & W_{in_i}^{jn_j} \end{bmatrix} \tag{5-1}$$

其中，W_{ij} 的列向量就是 B_i 中元素 e_{i1}，e_{i2}，…，e_{in_i} 对 B_j 中元素 e_{j1}，e_{j2}，…，e_{jn_j} 的影响程度排序向量。

初始的矩阵不能作为量化的依据，因此需要对其进行一致性检验。

一致性指标 CI，是判断矩阵的最大特征根 λ_{max} 和判断矩阵阶数 n 的差与（$n - 1$）的比值，即

$$CI = \frac{(\lambda_{max} - n)}{n - 1} \tag{5-2}$$

当 $\lambda_{max} = 0$ 时，$CI = 0$，对应的判断矩阵一致；CI 值越低，表明判断矩阵具有越好的一致性。进行判断矩阵的一致性分析，需要进行矩阵阶数的确定，越高的阶数对应的判断难度越高。为了切实检验不同阶数矩阵一致性判断结果是否达标，采用平均随机一致性指标 RI 进行更为深入的分析。对于 n 阶矩阵，对应的平均一致性指标值如表 5-7 所示。

表 5-7　平均随机一致性指标 RI

n	1	2	3	4	5	6	7	8	9	10
RI	0.00	0.00	0.52	0.89	1.12	1.26	1.36	1.41	1.46	1.49

当矩阵的阶数大于 2 时，矩阵一致性指标 CI 和同阶平均随机指标 RI 的比值即为判断该矩阵一致性的随机一致性比率，记为 CR，且 $CR = CI/RI$。

若 CR 在 10% 以内，则可认为矩阵所分配的权数较为合理，符合一致性检验标准。若 CR 在 10% 以上，则可认为权数的分配不合理，通过对判断矩阵的调整来进行调适，直至得到满足要求的一致性检验结果。

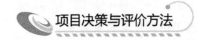

（2）计算加权超矩阵

以上超矩阵中 W_{ij} 是以 e_{jk} 为次准则，W_{ij} 中每一列都是列归一化的，但是 W 不是列归一化的，因此需要以控制层元素 A_s 为准则，对 A_s 的各元素组 B_j 的重要性做一个比较。进行判断矩阵的构造并确定其特征向量，以一致性检验的方式进行判断矩阵的验证，得到加权矩阵 A：

$$A = \begin{bmatrix} a_{11} & a_{12} & \cdots & a_{1n} \\ a_{21} & a_{22} & \cdots & a_{2n} \\ \vdots & \vdots & & \vdots \\ a_{n1} & a_{n2} & \cdots & a_{nn} \end{bmatrix} \tag{5-3}$$

对超矩阵 W 的元素进行加权，得到 $\overline{W} = (\overline{W}_{ij})$，其中，$\overline{W}_{ij} = a_{ij} W_{ij}$，$i = 1, 2, \cdots, n, j = 1, 2, \cdots, n$。$\overline{W}$ 就是加权超矩阵。

（3）计算极限超矩阵权重

W_{ij} 为加权超矩阵 $\overline{W}$ 的元素，该参数的大小即为元素 i 对元素 j 的优势度。对 $\overline{W}$ 进行极限加权运算，使得加权超级矩阵不再发生变化，对应的归一化结果即为极限超矩阵 $\overline{W}^{\infty}$。若 $\overline{W}^{\infty}$ 存在，则表明矩阵 $\overline{W}^{\infty}$ 的第 j 列即为 A_s 下的网络层中各元素对于 j 的极限相对权重向量。

$$\overline{W}^{\infty} = \begin{bmatrix} \overline{W}_{11}^{\infty} & \overline{W}_{12}^{\infty} & \cdots & \overline{W}_{1n}^{\infty} \\ \overline{W}_{21}^{\infty} & \overline{W}_{22}^{\infty} & \cdots & \overline{W}_{2n}^{\infty} \\ \vdots & \vdots & & \vdots \\ \overline{W}_{n1}^{\infty} & \overline{W}_{n2}^{\infty} & \cdots & \overline{W}_{nn}^{\infty} \end{bmatrix} \tag{5-4}$$

各元素 e_{jk} 在各自所属元素集 B_j 中的规范化权重向量 W' 为：

$$W' = (W_{11}, W_{12}, \cdots, W_{nn})^{\mathrm{T}} \tag{5-5}$$

2）风电场选址指标的赋权

为了降低指标体系的复杂程度，根据网络分析法的理论，将风电场选址相关评价指标进行归类，分为以下三个层次。

目标层：目标层是构建能够反映风电场选址评价的指标体系，即本书研究的目的，是建立最高层的综合指标体系。

准则层：准则层主要是对目标层产生影响的各个主要因素，体现在风电场选址的各个方面，包括地理条件的影响、技术因素、环境的影响、经济的影响四个层次。

指标层：指标层是构成风电场选址评价指标的基础，是在准则层范围内的细化，能具体地反映出风电场选址的指标。

根据上文提到的指标，构建风电选址网络分析结构，如图 5-26 所示。

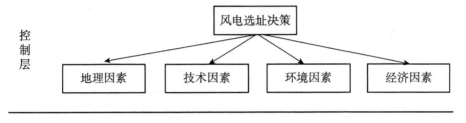

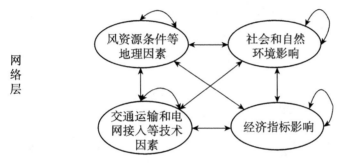

图 5-26　风电场选址研究的网络分析结构图

利用网络分析法对指标进行赋权，其本质是对超矩阵进行计算并得出最终结果，对超矩阵进行计算的工作量非常大，难以单纯通过手工运算实现，且容易在计算的过程中出现失误，使最终的计算结果产生偏差，因此本书借助 Super Decisions 软件进行辅助计算，通过实际计算，得到各指标的权重。

Super Decisions（简称 SD）软件，也叫超级决策软件，是美国的研究者编写的针对复杂的网络分析法的计算程序，便于人们在使用网络分析法时，对超矩阵进行计算。SD 软件已经可以计算任意的层次分析法模型以及网络分析法模型。运用 SD 软件做网络分析建模时，首先需要根据指标的层次建立目标元素集，软件的所有工作都是在元素集的基础上完成的；其次向元素集中加入元素并构建节点，也就是需要被评价的指标，依据指标间的关系进行不同节点的连接，构建完整的网络模型，并对不同元素进行比较，基于九级梯度法进行评分，这一过程既可以手动输入打分，也可以采取文件数据导入的方式进行打分。结合打分结果，软件即可完成判断矩阵的一致性检验，并按照顺序进行元素的排序。随后，软件即自动进行未加权超矩阵、极限超矩阵的计算，并通过多种显示方式，比如图片、表格或文字，可供用户随意选择和切换。再结合极限超矩阵，即可完成指标权重的计算。

根据图 5 - 26 风电场选址研究的网络分析结构图，在 SD 软件中建立风电场选址决策综合评价网络层次模型。

图 5 - 27 中的箭头方向表示各指标之间的相互关系。在这个界面中，构建的是各元素集中、指标之间的相互关系网络结构，最终呈现出来的是各元素集之间的相互关系，但这并不影响后面的矩阵计算以及权重计算。此时如果想看各个指标之间的联系，可以在创造节点联结模式下，选中这

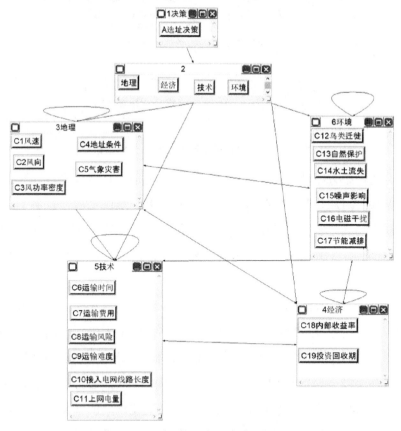

图 5 - 27　SD 软件中的网络层次模型

一元素，此时，它所影响的其他指标就会被着重显示出来。如果元素集上有一个环状的箭头，则表示同一个元素集中的指标之间有相互影响的关系。

构建完网络模型，接下来就要构建指标判断矩阵，SD 软件采用九级梯度法对各指标之间的关系程度进行打分。在构建好的网络模型里，各个元素集对应的元素间具有关联性，均可通过判断矩阵进行量化。打分过程如图 5 – 28 所示。

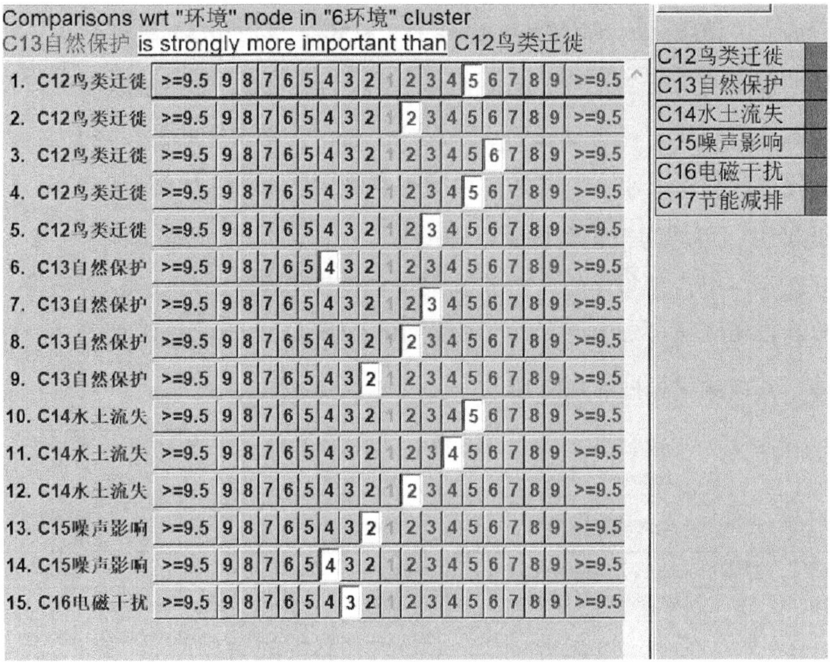

图 5 – 28 SD 软件中评价指标两两判断矩阵打分界面示例

在打分过程中，需要提前对两两比较的过程进行一致性检验，否则，后续的计算过程可能有错误的结果。在 SD 软件的打分界面中，当完成当前因素下所有指标的两两判断打分后，SD 软件会按照特征根法直接给出当前矩阵的权重，与此同时，还可以看到当前判断矩阵的随机一致性比率 CR，以帮助判断当前指标的两两比较打分是否合理，如存在不合理的地方，可以及时纠正并加以改进。结合图 5 – 29，即可直观地分析判断矩阵对应的表现指标的权值以及一致性检验结果。

从图 5 – 29 可以看到，鸟类迁徙的权重约为 0.041，自然保护的权重约为 0.732，水土流失的权重约为 0.06，噪声影响的权重约为 0.379，电磁

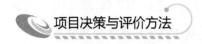

3. Results

Normal ⌐	Hybrid ⌐

Inconsistency: 0.02504

C12鸟类迁徙	0.04081
C13自然保护	0.17321
C14水土流失	0.06049
C15噪声影响	0.37934
C16电磁干扰	0.24772
C17节能减排	0.09841

图 5 – 29　SD 软件中指标生成的权值和一致性检验的结果

干扰的权重约为 0.248，节能减排的权重约为 0.098。通过柱状图可以清晰地看到，在自然与社会环境的 6 个影响因素中，噪声影响的权重是最大的，鸟类迁徙的权重最小。判断矩阵一致性系数 CR 的计算结果为 0.025，该值小于 0.01，可认为权值在接受范围内。

在每一个元素集中的所有元素都进行两两判断打分之后，需要进行未加权超级矩阵的计算，对于所有判断矩阵的构造，首先要计算未加权超级矩阵，对应结果如图 5 – 30 所示。

Super Decisions Main Window: 000501.sdmod: Unweighted Super Matrix

Cluster Node Labels		1决策	2				3地理		
		A选址决策	地理	技术	环境	经济	C1风速	C2风向	C3风功率密度
1决策	A选址决策	0.000000	0.000000	0.000000	0.000000	0.000000	0.000000	0.000000	0.000000
2	地理	0.509176	0.000000	0.000000	0.000000	0.000000	0.000000	0.000000	0.000000
	技术	0.327333	0.000000	0.000000	0.000000	0.000000	0.000000	0.000000	0.000000
	环境	0.052961	0.000000	0.000000	0.000000	0.000000	0.000000	0.000000	0.000000
	经济	0.110529	0.000000	0.000000	0.000000	0.000000	0.000000	0.000000	0.000000
3地理	C1风速	0.000000	0.246547	0.000000	0.000000	0.000000	0.000000	0.000000	0.000000
	C2风向	0.000000	0.045081	0.000000	0.000000	0.000000	0.000000	0.000000	0.000000
	C3风功率密度	0.000000	0.520635	0.000000	0.000000	0.000000	0.000000	0.000000	0.000000

Done

图 5 – 30　SD 软件所计算的未加权超级矩阵

完成未加权超级矩阵的构建，并进行超级矩阵的加权计算，然后在此基础上，为了将各个元素间的依存关系直观地显示出来，需要进一步对加权超级矩阵的极限矩阵进行计算，然后可得到极限超级矩阵。算出的极限超级矩阵结果,如图 5 - 31 所示。

Cluster Node Labels		1决策	2				3地理		
		A选址决策	地理	技术	环境	经济	C1风速	C2风向	C3风功率密度
1决策	A选址决策	0.000000	0.000000	0.000000	0.000000	0.000000	0.000000	0.000000	0.000000
2	地理	0.000000	0.000000	0.000000	0.000000	0.000000	0.000000	0.000000	0.000000
	技术	0.000000	0.000000	0.000000	0.000000	0.000000	0.000000	0.000000	0.000000
	环境	0.000000	0.000000	0.000000	0.000000	0.000000	0.000000	0.000000	0.000000
	经济	0.000000	0.000000	0.000000	0.000000	0.000000	0.000000	0.000000	0.000000
3地理	C1风速	0.162319	0.162319	0.162319	0.162319	0.162319	0.000000	0.000000	0.162319
	C2风向	0.020010	0.020010	0.020010	0.020010	0.020010	0.000000	0.000000	0.020010
	C3风功率密度	0.067271	0.067271	0.067271	0.067271	0.067271	0.000000	0.000000	0.067271

图 5 - 31 SD 软件所计算的极限超级矩阵

最终,得到指标的全局权重,如图 5 - 32 所示。

No Icon	C1风速	0.55248	0.162319
No Icon	C2风向	0.06811	0.020010
No Icon	C3风功率密度	0.22897	0.067271
No Icon	C4地质条件	0.00232	0.000682
No Icon	C5气象灾害	0.14813	0.043521
No Icon	C18内部收益率	0.71573	0.308055
No Icon	C19投资回收期	0.28427	0.122351
No Icon	C6运输时间	0.00012	0.000030
No Icon	C7运输费用	0.25929	0.063943
No Icon	C8运输风险	0.04051	0.009991
No Icon	C9运输难度	0.00067	0.000165
No Icon	C10接入电网线路长度	0.30675	0.075646
No Icon	C11上网电量	0.39266	0.096833
No Icon	C12鸟类迁徙	0.00000	0.000000
No Icon	C13自然保护	0.00075	0.000022
No Icon	C14水土流失	0.33510	0.009779
No Icon	C15噪声影响	0.00000	0.000000
No Icon	C16电磁干扰	0.00000	0.000000
No Icon	C17节能减排	0.66414	0.019381

图 5 - 32 风电场选址的各项指标的全局权重

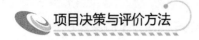

3）建立模糊评价模型

（1）构建评语集

将风电场选址决策评语分为 5 个等级，即 $V = \{V1, V2, V3, V4, V5\} = \{$非常适合，适合，一般，不适合，非常不适合$\}$。

（2）对指标进行单因素评价

先确定需要被评价的指标集，此处的指标选择和前文保持一致，对先选取的 19 个指标进行单因素评价。利用德尔菲法（即专家打分法），选取 20 个行业内各领域的专家，综合分析备选区域的各项因素，最终对备选区域所要评价的各项指标进行单因素评价，也就是说，对每一个备选场址，需要结合其风资源具体情况，如地质条件、气象因素、环境条件、并网成本、交通因素、经济指标等诸多方面，依次进行评价及打分。评价及打分的过程中，需要尽可能多地提供备选场址的相关资料，尤其是根据一些资料进行 WindSim 软件仿真的结果，仿真结果可以提供地形条件、地理环境、风资源条件、年发电量等众多关键指标，是专家打分的一项重要参考依据。表 5-8 展示了专家对各项指标评价打分的具体过程。

表 5-8　单因素模糊评价表

评价指标	非常适合	适合	一般	不适合	非常不适合
风速（C1）	α_1	β_1	γ_1	λ_1	η_1
风向（C2）	α_2	β_2	γ_2	λ_2	η_2
……	…	…	…	…	…
内部收益率（C18）	α_{18}	β_{18}	γ_{18}	λ_{18}	η_{18}
投资回收期（C19）	α_{19}	β_{19}	γ_{19}	λ_{19}	η_{19}

表 5-8 中所列出的 α_1、β_1、γ_1、λ_1、η_1，…，α_{19}、β_{19}、γ_{19}、λ_{19}、η_{19} 表示所对应的指标下，打分所对应的评价的专家人数。

（3）建立模糊关系矩阵

基于上文的单因素评价表，可以构建模糊关系矩阵。

$$
\boldsymbol{R} = \begin{pmatrix}
\dfrac{\alpha_1}{20} & \dfrac{\beta_1}{20} & \dfrac{\gamma_1}{20} & \dfrac{\lambda_1}{20} & \dfrac{\eta_1}{20} \\[2ex]
\dfrac{\alpha_2}{20} & \dfrac{\beta_2}{20} & \dfrac{\gamma_2}{20} & \dfrac{\lambda_2}{20} & \dfrac{\eta_2}{20} \\[2ex]
\vdots & \vdots & \vdots & \vdots & \vdots \\[2ex]
\dfrac{\alpha_{18}}{20} & \dfrac{\beta_{18}}{20} & \dfrac{\gamma_{18}}{20} & \dfrac{\lambda_{18}}{20} & \dfrac{\eta_{18}}{20} \\[2ex]
\dfrac{\alpha_{19}}{20} & \dfrac{\beta_{19}}{20} & \dfrac{\gamma_{19}}{20} & \dfrac{\lambda_{19}}{20} & \dfrac{\eta_{19}}{20}
\end{pmatrix} \tag{5-6}
$$

其中，20 表示参与本次风电场选址决策指标评价打分的专家总人数。

4）风电场选址的综合评价

基于权重向量 $\boldsymbol{W}$ 以及模糊关系矩阵 $\boldsymbol{R}$，对于每一个备选场址，最终都能得到风电场选址的综合评价矩阵：

$$
\overline{\boldsymbol{A}} = \boldsymbol{W}\boldsymbol{R} = (a_1, a_2, a_3, a_4, a_5) \tag{5-7}
$$

根据最大隶属度原则，可以得到风电场选址的评价结果，它所对应的评语为 $\max(a_t)\,(t = 1, 2, 3, 4, 5)$。

风电场选址决策评语分为 5 个等级，$V = \{V1,\ V2,\ V3,\ V4,\ V5\} = \{$非常适合，适合，一般，不适合，非常不适合$\}$，也就是说，如果最终得到的综合评价矩阵 $\overline{\boldsymbol{A}} = (0.3,\ 0.4,\ 0.2,\ 0.1,\ 0)$，它所对应的评语为适合，即此备选区域适合建设风电场项目。

5.3.5　实证分析

1）地理因素分析

（1）地理位置分析

甲场址：位于内蒙古自治区某市，该市位于内蒙古中部广袤无垠的草原上，北距锡林浩特市约 55km，海拔高程在 1 300 ~ 1 550m，东西长约 700km，南北宽约 500km，该地区风能资源丰富，是我国主要的风力资源富集地区之一。

乙场址：位于湖南省某市，地理上的中心位置优越。该场址位于湖南省东南部，属中低山丘陵地带，地处罗霄山脉、南岭山脉的交会处，南北宽度约62km，南北长度约71km，总面积约2 425km²。该地处属于典型的山地和丘陵地带。

使用WindSim软件分别对两个备选区域进行仿真分析，首先得到地形高度图，如图5－33、图5－34所示。

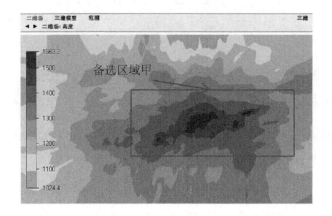

图5－33 甲场址在WindSim软件中的地形高度图

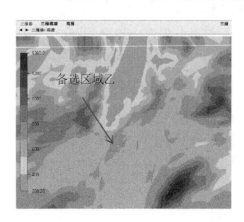

图5－34 乙场址在WindSim软件中的地形高度图

从地形高度图可以看出，甲场址所在区域的海拔高度略高于乙场址所在区域，甲场址的海拔高度为1 300～1 550m，而乙场址的海拔高度为800～1 200m，由此可以判断，甲场址在建设过程中，势必对交通运输难度、交通运输费用、交通运输时间等指标有一定程度的影响。乙场址所在区域虽多为丘陵和山地，但拟建风电场的地区附近地势并不复杂，非常有利于交通运输。

（2）气象条件分析（指标 C5）

甲场址：根据该区域附近气象站往年数据统计，得到该气象站资料整编，如表 5 - 9 所示。

表 5 - 9　甲场址附近气象站资料整编表

项目	数值	项目	数值
累年平均气温（℃）	1.7	累年沙尘暴日数（d）	4.8
累年极端最高气温（℃）	38.3	累年平均雷暴日数（d）	29.7
累年极端最低气温（℃）	- 42.4	当地常年冰冻期（月）	5
累年平均气压（hPa）	884.5	50 年一遇最大风速（m/s）	24
累年平均水汽压（hPa）	5.6		

乙场址：风电场的观测数据主要来源于附近某气象站，该气象站与在乙场址区域拟建的风电场直线距离约为 6km。该气象站的海拔高度为 612.8m。乙场址所处区域拟建风电场附近的某气象站的以下数据可供参考：气象站累年平均水汽压、累年平均气温分别为 16.88hpa、16.7℃。对该气象站气象要素进行统计，结果如表 5 - 10 所示：

表 5 - 10　乙场址附近气象站资料整编表

项目	数值	项目	数值
累年平均气温（℃）	16.7	累年平均雷暴日数（d）	71.5
累年极端最高气温（℃）	36.4	年最多雷暴日数（d）	100
累年极端最低气温（℃）	- 9.8	年最少雷暴日数（d）	38
累年平均气压（hPa）	945.2	年平均结冰日数（d）	5.3
累年平均水汽压（hPa）	16.88	年平均降水量（mm）	1 546.4
年平均风速（m/s）	1.9	年最多降水量（mm）	2 205.9
主导风向（16 方位）	S	年最少降水量（mm）	1 059.9

（3）测风数据分析

甲场址：内蒙古风力发电研究所测风时间相对较早，数据较丰富，风

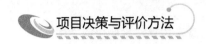

资源评估主要采用了内蒙古风力发电研究所的两个测风塔数据，两个测风塔均配备了 2 套风速计量器和风向计，安装高度分别为 10m 和 40m，测风仪器为山东恒生公司产品。1#、2#测风塔位置分别位于某国道公路的西、东侧 100m 处，1#塔位置更接近整个风场中心。各测风塔的数据完整性分析如表 5 − 11 所示。

表 5 − 11　1#和 2#测风塔 2003 年 9 月—2004 年 8 月测风数据统计表

	1# 10m	1# 40m	2# 10m	2# 40m
应测数据	8 784	8 784	8 784	8 784
实测有效数据	8 773	8 395	8 761	8 573
有效百分比（％）	99.87	95.57	99.74	97.60

对甲场址 1#测风塔和 2#测风塔 10m 原始数据与 40m 原始数据作相关分析，1#测风塔数据相关性很好，与 2#测风塔 10m 数据相关性也很好，但 2#测风塔相关性不好，说明 2#测风塔 40m 数据有失真现象，数据缺乏准确性，综合考虑 2#测风塔与拟建风场距离较之 1#测风塔远等因素，在此次选址研究中，风资源评估以 1#测风塔数据为主。

乙场址：结合检验测风塔的初始计量结果，可以看到测风塔在一个测风周期内的同一测风时段对应的原始数据具有较佳的完整率，7073#测风塔在一个周期内的计量数据完整率高达 97.7%，3805#测风塔在一个周期内的计量数据完整率为 94.0%。对于准确度较低的测风塔数据，或者有明显数据丢失的情况发生时，则需要修改或补充这一部分失真或丢失的数据。在完成对数据的修正和补充后，所得风速数据相关性分析结果如表 5 − 12 所示。

表 5 − 12　测风塔不同高度的风速相关数据统计表

塔号	高度	10m	25m（30m）	50m	60m（70m）
7073#	10m				
	25m	0.889			
	50m	0.874	0.986		
	60m	0.871	0.972	0.993	
	70m	0.866	0.942	0.97	0.981

塔号	高度	10m	25m（30m）	50m	60m（70m）
3805#	10m				
	25m	0.989			
	50m	0.979	0.996		
	60m	0.967	0.987	0.994	
	70m	0.827	0.846	0.859	0.860

由表 5 - 12 可见，7073#除 10m 高度外，其他高度风速数据相关性都极佳，相关系数均在 0.940 以上。3805#相关性相比之下稍有逊色，但是它的相关系数均在 0.820 以上。

（4）风资源条件分析（指标：C1 风速、C2 风向、C3 风功率密度）

甲场址：拟建风电场海拔高程 1 300 ~ 1 550m，1#、2#测风塔分别位于国道公路的西、东侧 100m 处，1#塔位置更接近整个风场中心，塔高均为 40m，测风高度为 10m 和 40m。从测风数据分析来看，2#测风塔 40m 高度风速仪出现问题，风资源评估以 1#测风塔为主，由此推算 50m 高度年平均风功率密度、年平均风速分别为 492.4W/m^2、8.24m/s，主风能集中于 W、WSW 和 SW 方向，比较稳定，代表年有效风速（≥3m/s）小时数为 8 029h。1#和2#测风塔所测数据如表 5 - 13 所示。

表 5 - 13　甲场址 1#和 2#测风塔数据（空气密度：1.119kg/m^3）

项目	1# 10m	1# 40m	2# 10m	1#10m 代表年	1#40m 代表年	推算 50m 代表年	推算 70m 代表年
年平均风速（m/s）	6.65	8.12	6.2	6.42	7.80	8.24	8.87
年平均风功率密度（W/m^2）	275.2	479.9	246.1	255.4	436.6	492.4	595.6

甲场址 1#测风塔 40m 高度风向及风能玫瑰图如图 5 - 35 所示。

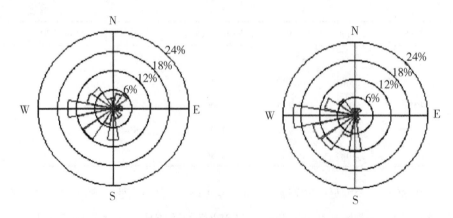

图 5 -35　甲场址 1#测风塔 40m 高度风向及风能玫瑰图

乙场址：拟建风电场区域气候温和，平均风速 1.44m/s，风向较为稳定，以 S—SSW 向为主，其中以 S 向频率最大，约为 10.7% 。乙场址的风能资源极大地受到它所处地形的影响，在海拔较高的山脉上，风能资源更能发挥出优势。

根据乙场址的统计结果可知，2014 年，7073#测风塔 50m 高度年均风速、年均风功率密度结果分别为 5.73m/s 和 193.5W/m²，70m 高度则分别为 5.99m/s 和 225.3W/m²；2015 年，50m 高度对应的数据年均风速、年均风功率密度结果分别为 6.02m/s 和 237.8W/m²，70m 高度对应的数据则分别为 6.24m/s 和 271.0W/m²。

2018 年 5 月—2018 年 12 月，3805#测风塔 50m 高度及 80m 高度平均风速分别为 7.35m/s 和 7.45m/s，平均风功率密度分别为 334.9W/m² 和 357.4W/m²。

乙场址范围内设有 2 座测风塔。从测风塔的测风时段和测风数据完整性来看，7073#测风塔的测风时间不仅满足 1 个完整年的时间要求，且测风塔完整性较好。从测风塔与风电场的地理位置分析，7073#测风塔位于风电场内，对该区域的风资源分析有一定的代表性。综合上述分析，本研究以 7073#测风塔为代表是合理的，可根据 7073#测风塔所得结果进行后续的研究。

根据 7073#测风塔在 70m 高度的计量数据材料，展开相关性检验，得到总体相关关系，结果如图 5 -36 所示。

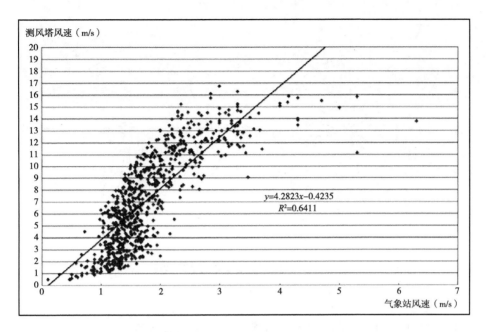

图 5 - 36　乙场址测风塔、周边气象站风速相关关系图（70m 高度）

　　从图 5 - 36 可以看出，风速相关系数为 0.800 1，可以认为两者具有相关性。

　　根据统计分析，该气象站近 30 年内每 5 年的平均风速分别为 1.23m/s、1.21m/s、1.27m/s、1.28m/s、1.32m/s、1.44m/s，相对于测风年平均风速而言，各年度的差值约为 -0.06m/s、-0.08m/s、-0.02m/s、-0.01m/s、0.03m/s、0.13m/s。本研究以该气象站 1991—2010 年近 20 年的观测统计数据为基础，2008 年年均风速与近二十年的年均风速相差约 0.01m/s，年均风速值约为 1.29m/s，差值仅为近二十年年均风速的 0.77%。因此，本研究认为测风年年均风速为 1.29m/s，与近 20 年年均风速基本持平，属平风年。据此认为对测风年观测风速不需要进行长期代表性订正。代表年测风塔 50m、70m 高度的年均风速分别为 5.56m/s、6.06m/s，年均风功率密度分别为 191.1W/m² 以及 228.0W/m²。

　　结合测风塔数据进行代表测风塔风能分布频率及风向的数据分析，其风能玫瑰图以风向分析结果如图 5 - 37 所示。

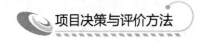
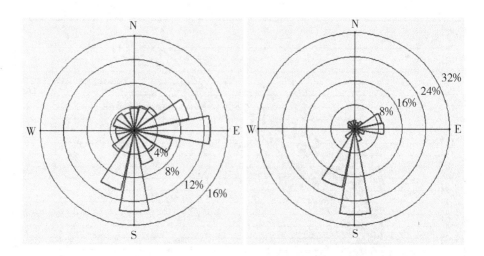

图 5 - 37　乙场址测风塔 80m 高度全年风能玫瑰图、风向分析结果

由图 5 - 37 及相关数据分析可知，S—SSW、ENE—E 方向为测风塔主风向，对应比重约为 46.69%。风能、风向分布较为统一，占总风能的比重约为 67.9%。代表测风塔主风能、主风向均为 S，频率分别为 28.59% 和 13.69%，风向、风能的分布相对集中。

综合以上分析，对于甲场址的 40m 高度处，统计数据表明代表年的年均风功率密度、年均风速分别为 436.6W/m² 及 7.8m/s，由此数据推测甲场址 50m 高度年均风功率密度及平均风速数据分别为 492.4W/m² 和 8.24m/s，推测 70m 高度年均风功率密度及平均风速数据分别为 595.6W/m² 和 8.87m/s，盛行风向稳定，主风能集中于 W、WSW 和 SW 方向，为四级风功率密度，有效风速小时数大，风能资源比较丰富。

结合代表测风塔的乙场址风电场场址计算结果，确定其可布机位点：乙场址 50m 高度、80m 高度对应的年均风速分别为 5.61m/s 和 5.85m/s，年均风功率密度分别为 195.6W/m² 和 217.9W/m²；风电场主风向相对集中，且主要为 S—SSW 和 ENE—E 方向，两个主风向的比重之和约为 46.69%。风能、风向分布较为统一，占总风能的比重约为 67.9%。代表测风塔风能、主风向均为 S，频率分别为 28.59% 和 13.69%，风向、风能的分布相对集中。测风塔风速的分布相对集中，且主要分布在 3～8m/s 区间内，对应比重为 62.5%；从风能分布角度看，3～8m/s 区间内风能对应比重最高，达到 74.7% 。风能和风速具有相对集中的分布。80m 高度乙场址区域在 3~25m/s 风速范围内对应的风速利用时长约为 7 428 小时，由此计算出其风速利用比重约为 84.8% ，具有相对可观的全年可发电小时数；在 11~25m/s 风速范围内，对应的风速利用时长、比重分别为 901 小时、10.3% ，由此可知，其对应的满发时间也十分充裕。

由于乙场址所处地域存在十分显著的地形起伏问题，单纯地结合代表测风塔的风向特征以及轮毂高度的风速数据进行风电场风能资源的评价，准确度相对较低，这就需要在后续阶段通过软件仿真的方式进行进一步的分析和论证。

（5）地质条件（指标 C4）

甲场址：甲场址所在区域，位于内蒙古自治区中部，处于灰腾西里熔岩台地。按照台地相对高程以及地貌形态进行划分，将其分为Ⅰ、Ⅱ、Ⅲ级，且三级台地分布有近东西向的火山锥群。甲场址即坐落在第Ⅲ级台地上。风电场拟选址于浑善达克沙漠以北，且北侧、西侧均为锡林郭勒草原，地势开阔，草原、丘陵间隔分布。作为内蒙古高原少有的大面积无障碍空地，风电场所在位置海拔高度约为 1 400m，周边零星分布有凸出的小山丘。风电场选址地的整体地貌呈现出西北低、东南高的走势，且内部分布有火山堆积地形，属于内蒙古高原典型的剥蚀熔岩台地。整体而言，Ⅰ、Ⅱ、Ⅲ级台地呈台阶状分布。

风电场选址地处于内蒙古华力西晚期褶皱带，该地区多次受到造山运动的作用，因此呈断裂发育且存在明显的褶皱，内部存在着较为剧烈的岩浆活动。加里东及华力西运动使早古生代和晚石炭世地层形成紧密线形褶皱，且在晚期受到火山喷发以及中酸性岩浆侵入等作用。ENE 方向以及 NE 方向为该地区的构线方向，确立了该地区的大致轮廓。燕山期以升降运动为主，断裂发育，在大小断陷盆地中形成一些宽缓的短轴褶皱，且受到火山喷发以及中酸性岩浆侵入等的综合作用。区域构造图显示，本工程风电场场址内无断层及断裂带通过。

区域资料显示，该地区自 1964 年以来，在阿巴嘎旗西南部，白音库伦南部、西南部，正蓝旗南部以及西乌珠穆沁旗北部等地共发生不同震级的

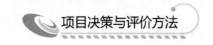

地震62次，一般震级为2.6~4.2级，其中最大震级为5.3级（阿巴嘎旗西南部）。这些地震虽不在本区调图范围内，但都在外围不远的地区。根据该地区新构造运动和地震发生的情况，该地区新构造运动的影响，有中度升降和掀斜，地震级别为1~4级，个别大于4级。

因此，甲场址所在的工程地质大部分属于稳定—基本稳定区，一般建筑物不需采取措施。由于地震观测资料多为近年来的资料，所以对该区地震发生的历史还不是十分清楚，所以有关部门今后应加强地震的观测工作。

乙场址：乙场址拟建的风电场工程地处湖南某地区山脊位置。该地区整体地貌呈中山—中低山类型，且内部存在大量连绵的山体，山高坡陡，呈北—东走向，局部存在陡崖，且山顶存在较大高度落差。山顶地面高程集中在1 200m处，谷底高程则集中分布在660~690m区间内，相对高差为350m~650m。坡顶主要分布有草地、灌木，坡脚分布有少量民房及农田。现风电场址附近有一条盘山公路与外界相连。

根据勘察，所选场址的第四系松散覆盖层集中分布于山坡、山坳等区域，且基岩普遍为裸露状态。场地环境普遍为Ⅱ类环境。结合该地区的地址环境资料和地下水水质资料，可以认定该地区地下水具有轻微腐蚀性，对钢结构、混凝土结构可能产生一定影响。考虑到风机基础普遍集中于地势相对较高的山脊地带，而地下水普遍分布于埋深15m处，因此可认为地下水并不会对风机基础产生影响。综上，可认为该地区地下水对钢结构及混凝土基础影响相对有限。

场区大部分地表为第四系残坡积物覆盖，且在下伏基岩面起伏作用下使得场区土层厚度分布十分不均衡，进行地表的实地调研，发现该地区并不存在显著的泥石流、滑坡等不良地质体，且可液化土层极少。场区的稳定条件相对较好，具有较为稳定的边坡，为后续的工程建设提供了良好的基础条件。但在雨季，可能因雨水冲刷引起较厚土层的边坡坍塌问题，因此在人工边坡开挖区域需采取合理的排水、支护措施。

根据区域地质资料分析，乙场址拟建场地处于稳定地块内，适宜本工程建设。

2）技术指标分析

（1）交通运输情况

甲场址：拟建风电场工程距锡林浩特市约 55km，该拟建风电场附近有国道（二级沥青路面），此公路可满足设备运输要求。

风电机组作为该工程的主要设备，对应的风电机组最长部件的长度约 34m。风电机组重量最大的部位为机舱，对应重量为 55.35 吨。进行风电机组运输方案的初步设计，首先以高速公路、国道运至锡林浩特市，然后通过国道运输至风电场场址内。对于主变压器的运输，拟采用铁路运输至锡林浩特市，再中转公路的方式将其运输至风电场施工现场。

进行拟建风电场内部交通的线路设计：综合风电机组布局，进行风电机组平行主干道的修建，在此基础上再进行与其他机位连通支路的修建。

拟建风电场有相对平坦的地势，出于降低投资成本、减少对当地植被破坏的目的进行场内道路方案的设计，并结合场内施工条件进行调整。

该拟建风电场需修建施工道路 26km，其中，从国道至风电场的道路长 7km，场区内主干道为 8km，施工支路为 11km。从国道至风电场的道路，路面总宽度为 7.0m，路基宽度为 7.5m。按平原微丘三级公路进行设计。从国道至风电场道路共需征地 100 亩。场内施工道路路基、路面宽度分别为 10m 和 9m，并按照公路－Ⅰ级进行道路载荷设计。道路的极限最小圆半径、一般最小圆半径设计为 30m 和 65m，且道路坡度应相对平缓，部分高度差较大的地区可采取 10% 的坡度，其他路段的坡度应保持在 8% 以内。场内道路中心距塔筒基础中心的距离为 20m。场内道路共需征地 342 亩，其中，158 亩为临时征地。在完成风电机组吊装后，在现有路面基础上进行 3.5m 永久道路的修筑，把道路直通到每个机位，其余路面后期恢复为草坪。

乙场址：该场址距离其所属的某市直线距离为 75 公里，拟建风电场西侧即为国道 106，且内部道路布置条件相对较好，具有相对便利的交通条件。

从现场查勘来看，从 G106 沿原有道路进场，路面有硬化，但经过村庄较多。经现场查勘，可利用村通道路到达风电场，本工程需改造

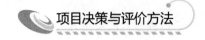

13.2km，新建场内道路约 14.9km。道路路面宽度、路基宽度分别为 5m 和 6m，且应当综合风电机叶片长度进行道路最小转弯半径以及平曲线的设计。本次将道路的宽度和最小转弯半径设计为 10m 和 35m，且回头弯曲线最小半径为 20m，宽度设计为 12m。道路最小竖曲线半径设计为 400m，最大纵坡坡度设计为 14%。

根据目前的场外交通条件，风力发电机组由铁路或公路运输到所属某市或者韶关市，再经公路运输至施工现场。

拟建风电场风机主要分布于山脊和山顶位置，位置相对分散，且风电场场址地处高山地带，坡度较陡，场内道路布置条件较好。经初步设计，场内需要进行道路改造并新建公路，长度分别为 13.2km 和 14.9km。场内道路设计应兼顾临时使用和永久道路使用，且能够满足风电场设备设施的运输需求。基于此，进行道路改造以及新建方案的确定：道路路面宽度、路基宽度分别为 5m 和 6m，且路面材料为泥结碎石，综合风电机叶片长度进行道路最小转弯半径以及平曲线的设计。本次暂将道路的宽度和最小转弯半径设计为 10m 和 35m，且回头弯曲线最小半径为 20m，宽度设计为 12m。道路最小竖曲线半径以及最大纵坡分别设计为 400m 和 14%。在施工道路的基础上进行检修道路的设计，检修道路路面宽度设计为 4m。此外，要求施工道路通至风电机组旁，为后续的机组设备运输提供便利的交通条件。

（2）电网接入条件

甲场址：根据当地有关规划的风电场接入系统设想，即"利用现有某市南郊变 220kV 输变电工程线路为风电场接入电力系统提供基础条件，拟采用 220kV 电压接入电力系统的方案，在后续风电场规模增大的合适时机，可转为 500kV 的接入方案"。在甲场址，内蒙古电网公司拟进行 220kV 变电站的建设，变电站位于风电场东北侧，从变电站 220kV 线路 π 接，待建 220kV 变电站距拟建风电场约 16km。

甲场址风电场工程共计 33 组风电机组，且均为 1 500kW 的单机装机容量，风电场总装机容量约为 49.5MW。同期建设 220kV 升压变电站，并通过一回 220kV 线路接入该变电站母线，与系统并网。

乙场址：所属某市电网位于湖南电网最南端，其境内省网与地方电网并存，所属某电网已覆盖全市 11 个县、市、区，分别经五条 220kV 线路、五条 500kV 线路和一条 110kV 线路并入湖南主电网。

所属某市电网的 500kV 变电站只有一座，其中有一台主变压器，总容量为 750MVA，拥有一条总长度约为 122km 的 500kV 线路。所属某市电网共拥有十座 220kV 公用变电站，其中共有 16 台主变压器，此外还有两座 220kV 专用变电站，其中共有 8 台主变压器。220kV 线路共计 730km，共分为 23 条线路。110kV 公用变电站共计 31 座，其中共有 51 台主变压器，且 110kV 线路共有 1 356km，共分为 83 条线路。

乙场址风电场设计装机规模约 50MW，并配套建设 110kV 升压站，升压站主变压器的电压、容量分别为 110/35kV 和 50MVA。

结合风电场的选址及并网方案，初步设计采取一回 110kV 架空线接入 220kV 外沙变的并网方案。

3）环境指标分析

（1）鸟类迁徙（指标 C12）

甲场址：甲场址施工期间，在附近一定范围内生活的野生动物都会离开这片区域，而且附近并没有大型动物的栖息地，所以场地建设对附近动物影响不大。有关资料显示，该拟建风电场所在地区不属于候鸟的主要栖息地，也不在候鸟迁徙的路线上，故拟建风电场未影响候鸟。

乙场址：鼠类与鸟类会被工地建设时产生的一些杂音、尘埃、交通运输等干扰，这些干扰使得动物们不能在工地附近栖息与繁衍。但是施工时间不长，工地的影响辐射区域不大，而野生动物有远离风险、躲避人类的本能，所以动物会在一定时间内自行转移到合适的生活地。本次建设并不会让野生动物的数量明显减少，对动物原本的生活也没有十分大的干扰。

（2）自然保护（指标 C13）

甲场址：本次选择的建设位置所在地距离锡林郭勒草原国家级自然保护区的缓冲区、核心区及实验区较远，该拟建风电场及远期风电场的建设不会对该自然保护区产生影响。

乙场址：选择建设乙场址的区域位于中亚热带，是热带季风湿润气

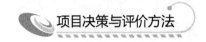

候。该地区雨水丰富，四季交替明显，冬季较短，秋季干旱，夏季热期长，春季气候变化快，年平均温度为 16.7℃，降水量为 1 546mm，雷暴日为 71.5 日（这是南北气流受南岭山脉影响造成的）。场址内存留有一些乡村，但是没有田地和林场，选址内植物以杂草和灌木为主。

（3）水土流失（指标 C14）

甲场址：选址内的主要植被为草本，植被类型为贝加尔针茅草、羊草、杂类草群落，这些植被在整个地区分布十分广泛。工程建设不会影响选址附近的植物多样性，并且建设完成后，在保留建筑的永久占地的基础上，将对建设时损害的原生地表环境进行恢复和保养。

乙场址：对草地与当地植被造成损伤的主要因素有以下几点：车辆的交通运输行驶；发电机组与其他机械设施以及原材料的存放；为运输和维修而修建的通道以及工作人员的生活区域。

（4）噪声影响（指标 C15）

甲场址：对野生动物而言，施工机械与人类活动产生的声音是主要的干扰源。施工中的器械并非连续运转，但是产生的声音比较集中，而且大部分是裸露的声源，所以产生的声音传播笼罩的区域和其造成的干扰程度较大。

通过对风电施工设计图进行审查和实地走访，拟建设风电场附近没有对噪声敏感的单位，比如医院、学校等居民聚集地，所以除去对场地工作人员有部分影响，施工产生的噪音对其他人员几乎无影响。

野外生存情况下的生物对非自然声源的反应更大，场地作业产生的声音使附近动物的生活环境受到破坏而被迫移居别处，但是受影响的区域有限。

乙场址：工地会选择在白天施工，工作时会有机械产生的噪音。项目建设中的噪声来源主要是工地器械进行挖掘、打孔、翻拌与车辆行驶时。工地使用的自卸汽车等一系列运输车辆是产生流动噪声的音源，其对应的声级区间为 75～92dB（A），但考虑到将公路运输作为场外运输的主要形式，因此对公路附近居民的影响不大。

在作业过程中，施工设备和机械因为摩擦、振动等产生较多的噪声，且对应的声级区间为 85 ~ 102dB（A），结合风电场实测资料可知，主要的施工设备和机械手风钻、混凝土搅拌车对应的声级区间为 90 ~ 100dB（A）和 91 ~ 102dB（A）。由于拟建风电场位于高山地区，风电场范围基本无居民居住。考虑到本次施工作业的时间均为白天，且距离声源 50m 处的噪声即衰减至 70dB（A）以内，因此，该施工作业噪声满足 GB 12523 - 90 相关标准；距离声源 250m 处，对应的噪声衰减至 55dB（A）以内，基本满足 GB 3096 - 2008（2 级及 4a 类）1 类标准。

（5）电磁干扰（指标 C16）

变电站的电磁辐射是风电场主要的潜在影响。在变电站内配电装置与导线这类内含高压的组件，会因为电容耦合而使相邻的易导电物品产生电动势与感应电流，从而产生电磁场。因导体内部电荷在附近产生的电场与电流通过而产生的磁场，被定义为工频电磁场。这种电磁场是一种准静态场，频率极低。

甲场址：通过对风电施工设计图进行审查和实地走访，拟建风电场周围 2km 范围内无医院、学校、居民区，因此，除去对场地工作人员有部分影响，施工产生的电磁干扰对其他人员几乎无影响。

乙场址：经过对比分析电磁场，此 110kV 变电站工作时，变电站四周围墙的电场强度和磁感应强度都完全在电磁场评价标准限值内，同时离变电站围墙 20m 以外的地方的电场干扰强度也控制在合格标准内，所以不用担心变电站的电磁辐射会造成影响。

（6）节能减排（指标 C17）

甲场址：用风力来发电可以避免污染大气和河流等，而且不用考虑存放和处理后续废弃物，对生态环境有利，除此以外，对改善附近地区的电力供用组成结构也有助益，使附近地区从火力发电变为多系统、多来源的健康结构。拟建风电场拟装机 50MW，发电量预期可达到 1.32 亿 kWh，相对于同发电量的火电厂，预期每年节省标准煤约 0.52 亿吨，并实现二氧化硫（SO_2）排放减少 1 020.1 吨，二氧化碳（CO_2）排放减少 13.197 万吨，以及氮氧化合物（NO_x）排放减少 527.9 吨，烟尘排放减少 381.5 吨，节省用水也是风电场的主要优势，对于降低温排水、排灰排水引起的水污染

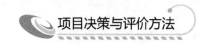

问题有十分积极的作用。综上分析，可以认为风电场表现出较为显著的环境效益及节能效益。

4）经济指标分析

甲场址：该场址建设期预期为 12 个月，计算期为 21 年。该风电场总投资为 4.725 亿元。据本阶段投资估算成果，本期风电场固定资产动态、静态投资分别为 4.679 亿元和 4.567 亿元。

项目建设资金来源分为国内贷款及资本金，其中，资本金在总投资额中所占比例约为 20%，总额约为 0.945 亿元（含流动资金 149 万元），国内贷款所占比例约为 80%，主要来源为商业银行贷款，贷款本金余额为 3.668 亿元，贷款期及贷款利率分别为 14 年、6.12%，建设期利息总额约为 0.112 亿元，且风电场施工期间无须偿付贷款本息。

结合国家发电项目平均上网电价进行该项目经营期上网电价的计算，按照资本金基准内部收益率 10%、财务基准内部收益率 8% 为标准。本期风电场在经营期内不含增值税、含增值税上网电价约为 0.55 元/kWh 和不含税上网电价约为 0.51 元/kWh，且资本金内部收益、财务内部收益率分别为 11.24% 和 8%。

结合全部投资现金流量表进行计算，所得税后财务内部收益率基本与基准财务内部收益率一致，均为 8.0%。

进行资本金现金流量计算，可以看到所得税后资本金财务内部收益率较之基准收益率 10% 的标准超出 1.24%，为 11.24%，对应的财务净现值约为 0.13 亿元。

在还清所有贷款后，资本金利润率为 16.08%，投资利税率为 6.03%，投资利润率为 4.72%。

乙场址：该风电场项目的建设工期预期为 12 个月，以 2013 年第三季度价格水平测算，计入建设期利息以及流动资金后，对应的工程总投资约为 4.42 亿元，其中，工程静态投资共计 4.29 亿元。单位电度投资约为 4.41 元/kWh，项目整体经济指标为中等。项目按照国家发展改革委风电上网标杆电价进行计算，即 0.61 元/kWh，则对应的项目财务指标中，资本金财务内部收益率、全部投资财务内部收益率分别为 12.2% 和 7.44%，项目投资利润率、资本金利润率分别为 5.5% 和 11.3% ，项目投资利税率约为 2.4% ，投资回收期约为 10.8 年。

5）专家对备选场址打分

集合 15 位风电场选址专家，以邮寄问卷的方式进行专家投票，得到表 5－14 所示投票结果。

表 5－14　专家对备选场址的指标投票结果

指标	甲场址					乙场址				
	非常适合	适合	一般	不适合	非常不适合	非常适合	适合	一般	不适合	非常不适合
风速（C1）	8	5	2	0	0	4	6	3	2	0
风向（C2）	7	4	3	1	0	6	5	2	2	0
风功率密度（C3）	7	5	3	0	0	4	5	6	0	0
地质条件（C4）	4	6	2	3	0	8	5	2	0	0
气象灾害（C5）	3	6	3	3	0	4	6	3	2	0
运输时间（C6）	6	4	3	2	0	8	3	3	1	0
运输费用（C7）	7	3	4	1	0	7	4	3	1	0
运输风险（C8）	5	5	2	3	0	7	3	3	2	0
运输难度（C9）	6	5	2	2	0	7	3	3	2	0
接入电网线路长度（C10）	7	5	1	2	0	4	7	2	2	0
上网电量（C11）	7	4	2	2	0	7	3	3	2	0
鸟类迁徙（C12）	9	3	3	0	0	9	3	3	0	0
自然保护（C13）	8	5	2	0	0	6	6	3	0	0
水土流失（C14）	6	7	2	0	0	7	4	3	1	0
噪声影响（C15）	8	4	2	1	0	6	7	2	0	0
电磁干扰（C16）	7	4	2	2	0	9	3	2	1	0
节能减排（C17）	9	3	3	0	0	7	5	3	0	0
内部收益率（C18）	9	5	1	0	0	6	7	2	0	0
投资回收期（C19）	8	4	3	0	0	9	4	2	0	0

6）对备选场址进行综合评价

可以得到两个备选场址的模糊矩阵 R 以及风电场选址决策指标权重向量 W。

$$R_{甲} = \begin{pmatrix} 0.533\,3 & 0.333\,3 & 0.133\,3 & 0 & 0 \\ 0.466\,7 & 0.266\,7 & 0.2 & 0.066\,7 & 0 \\ 0.466\,7 & 0.333\,3 & 0.2 & 0 & 0 \\ 0.266\,7 & 0.4 & 0.133\,3 & 0.2 & 0 \\ 0.2 & 0.4 & 0.2 & 0.2 & 0 \\ 0.4 & 0.266\,7 & 0.2 & 0.133\,3 & 0 \\ 0.466\,7 & 0.2 & 0.266\,7 & 0.066\,7 & 0 \\ 0.333\,3 & 0.333\,3 & 0.133\,3 & 0.2 & 0 \\ 0.4 & 0.333\,3 & 0.133\,3 & 0.133\,3 & 0 \\ 0.466\,7 & 0.333\,3 & 0.066\,7 & 0.133\,3 & 0 \\ 0.466\,7 & 0.266\,7 & 0.133\,3 & 0.133\,3 & 0 \\ 0.6 & 0.2 & 0.2 & 0 & 0 \\ 0.533\,3 & 0.333\,3 & 0.133\,3 & 0 & 0 \\ 0.4 & 0.466\,7 & 0.133\,3 & 0 & 0 \\ 0.533\,3 & 0.266\,7 & 0.133\,3 & 0.066\,7 & 0 \\ 0.466\,7 & 0.266\,7 & 0.133\,3 & 0.133\,3 & 0 \\ 0.6 & 0.2 & 0.2 & 0 & 0 \\ 0.6 & 0.333\,3 & 0.066\,7 & 0 & 0 \\ 0.533\,3 & 0.266\,7 & 0.2 & 0 & 0 \end{pmatrix} \tag{5-8}$$

$$R_{乙} = \begin{pmatrix} 0.266\,7 & 0.4 & 0.2 & 0.133\,3 & 0 \\ 0.4 & 0.333\,3 & 0.133\,3 & 0.133\,3 & 0 \\ 0.266\,7 & 0.333\,3 & 0.4 & 0 & 0 \\ 0.533\,3 & 0.333\,3 & 0.133\,3 & 0 & 0 \\ 0.266\,7 & 0.4 & 0.2 & 0.133\,3 & 0 \\ 0.533\,3 & 0.2 & 0.2 & 0.066\,7 & 0 \\ 0.466\,7 & 0.266\,7 & 0.2 & 0.066\,7 & 0 \\ 0.466\,7 & 0.2 & 0.2 & 0.133\,3 & 0 \\ 0.466\,7 & 0.2 & 0.2 & 0.133\,3 & 0 \\ 0.266\,7 & 0.466\,7 & 0.133\,3 & 0.133\,3 & 0 \\ 0.466\,7 & 0.2 & 0.2 & 0.133\,3 & 0 \\ 0.6 & 0.2 & 0.2 & 0 & 0 \\ 0.4 & 0.4 & 0.2 & 0 & 0 \\ 0.466\,7 & 0.266\,7 & 0.2 & 0.066\,7 & 0 \\ 0.4 & 0.466\,7 & 0.133\,3 & 0 & 0 \\ 0.6 & 0.2 & 0.133\,3 & 0.066\,7 & 0 \\ 0.466\,7 & 0.333\,3 & 0.2 & 0 & 0 \\ 0.4 & 0.466\,7 & 0.133\,3 & 0 & 0 \\ 0.6 & 0.266\,7 & 0.133\,3 & 0 & 0 \end{pmatrix} \tag{5-9}$$

$W = ($ 0. 162 3　　0. 020 0　　0. 067 3　　0. 000 7　　0. 043 5　　0. 000 0

0. 063 9　　0. 010 0　　0. 000 2　　0. 075 6　　0. 096 8　　0. 000 0　　0. 000 0

0. 009 8　　0. 000 0　　0. 000 0　　0. 019 4　　0. 308 1　　0. 122 4 $)$

由此得到两个场址的综合评价矩阵分别为：

$$\overline{A}_甲 = WR_甲 = (0.515\ 6\quad 0.310\ 5\quad 0.134\ 4\quad 0.039\ 5\quad 0)$$

$$\overline{A}_乙 = WR_乙 = (0.391\ 4\quad 0.370\ 9\quad 0.178\ 3\quad 0.059\ 4\quad 0)$$

根据最大隶属度原则，进行两风电场选址评价的分析，可以看到两风电场选址评语均为非常适合，甲风电场、乙风电场项目选址均为最优级别隶属度，对应评级结果分别为 0. 515 6 和 0. 391 4，所以甲场址更适合建立风电场。

06

决策工具套件介绍

决策工具套件介绍的相关资料主要来自以下网站及文本资料：

https://www.palisade.com/products.asp#books

网络教学视频网址：https://www.palisade.com/risk/5/tips/cn/gs/

6.1 不确定性分析决策工具

6.1.1 RISK for Monte Carlo simulation

@RISK 是一款真正的 Microsoft Excel 插件。@RISK 使用蒙特卡罗模拟进行风险分析，在 Microsoft Excel 电子表格中显示出众多可能的结果，并告知用户这些结果的发生概率。这表示用户可以判断要承担和可避免的风险，从而允许用户在存在不确定因素的情况下做出最好的决策。具体操作步骤如下。

1）建立自己的模型

首先，使用@RISK 概率分布函数替换电子表格中的不确定值。概率分布函数包括 Normal（正态）、Uniform（均匀）等，总数超过 35 个。这些 @RISK 函数只代表在一个单元格中出现不同可能值的范围，而不是将此单元格限制为只表示一个单一值。可以从图形化分布库中选择分布，或者使用特定输入项的历史数据来定义分布。用户也可以使用@RISK 的复合函数合并多个分布。此外，用户可以与其他使用@RISK 库的用户共享特定分布函数，或者针对没有@RISK 的同事将@RISK 函数换出。接下来，选择输

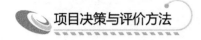

出项——用户对其包含的值感兴趣的"结果"单元格。这些值可以是潜在利润、ROI、保险索赔支出、疾病康复率或任何其他值。

2）运行模拟

单击"模拟"按钮并观察。@ RISK 对用户的电子表格模型进行了数千次重新计算。在每次的计算过程中，@ RISK 从用户输入的@ RISK 函数中进行随机抽样，并替换原有值，然后记录生成的结果。用户通过使用演示模式，进行运行模拟和随模拟运行实时更新的图表和报表来向他人说明此过程。

3）理解风险

模拟的结果反映出可能出现结果的完整范围，包括它们出现的概率。使用直方图、散点图、累积曲线、箱线图等来绘制结果的图表，再通过龙卷风图和灵敏度分析来确定关键因素。将结果粘贴至 Excel、Word 和 PowerPoint 中，或者放在@ RISK 库中供其他@ RISK 用户使用。用户甚至可以将结果和图表保存在 Excel 工作簿中。

6. 1. 2　Crystal Ball

1）软件简介

Crystal Ball 是 Oracle 推出的一款蒙特卡罗仿真软件，也叫"蒙特卡水晶球软件"，是一个 Excel 插件，可用于预测性建模、预测、仿真和优化，进行随机模拟仿真和不确定风险分析，帮助用户制订合适的战略决策，甚至在最不确定的市场条件下，来达成用户的目标和获得有竞争力的优势。

2）Crystal Ball 的主要特性

（1）模拟的意义

Crystal Ball 工作表风险分析结合 Excel 工作表呈现方式与自动分析模拟，能够清楚地展现由于变量变异造成的模型产出的各种变化情况，从而丰富模型分析所面临的情景，提高分析结果的有效性。

（2）蒙特卡罗模拟

蒙特卡罗模拟因摩纳哥著名的赌场而得名。它能够帮助人们从数学上表述物理、化学、工程、经济学以及环境动力学中一些非常复杂的相互作用。

数学家们称这种表述为"模式"，而当一种模式足够精确时，它能产生与同一条件下实际操作中相同的反应。但蒙特卡罗模拟有一个很大的缺陷：如果必须输入一个模式中的并不像设想的随机数，构成一些微妙的非随机模式，那么整个模拟（及其预测结果）都可能是错的。

（3）即时可见的优点

Crystal Ball 在 Microsoft Excel 的基础上开展相关测算，在熟悉 Excel 软件的基础上，能够很快掌握 Crystal Ball 软件的相关操作。由于该程序完全是 Microsoft Excel 的附加模块，很好地拓展了 Excel 电子数据库模型。

（4）增强风险运算的可能性

Crystal Ball 通过运用蒙特卡罗模拟系统对某个特定状况预测所有可能的结果，从而自动完成各种假设过程。该程序在定义许可的范围内生成随机值，然后经过成百上千次的严格运算，再将每种结果分别赋予每种可能性。该软件减少了必须由人工输入各种不同可能性的工作量，提高了计算效率。

（5）操作高级功能

Crystal Ball 能够提供关联假设、敏感度分析、数据分布相称性分析及预测控制等功能。这些功能为决策提供了更加精确的决策依据。

（6）竞争优势

通过 Crystal Ball 分析，探究竞争者可能采取的方案及其造成的影响，从而制订更加具有针对性的应对措施，提升自身竞争力。

3）Oracle Crystal Ball 操作步骤

利用 Crystal Ball 来进行计算机仿真分为四个步骤，分别是定义随机输入栏、定义输出栏来作预测、设定执行偏好、执行模拟。

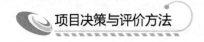

（1）定义随机输入栏

随机输入栏是拥有随机数值的输入字段。

需要输入单元格的是假设的概率分配而非一个永久的数值。

Crystal Ball 将每个随机输入栏称作假设栏（assumption cell）。

在 Excel 软件中，定义假设栏的步骤如下。

①点选选定的字段。

②如果字段没有数值，就输入任意一个数字。

点选"Crystal Ball"标签（Excel 2019）或工具栏（Excel 较早版本）的"Define Assumption"（定义假设）钮。

③点选"Distribution Gallery"（分配图库）中的概率分配图，以决定字段中的概率分配。

④点选"OK"（或在分配图上点选两下），就会出现对话框。

⑤参考电子表格中含有这些参数值的单元格，在对话框中输入分配的参数。如果想要命名的话，也可以将假设栏命名（假如字段的旁边或是上面已经有名字，这个名字会出现在对话框里）。

⑥点选"OK"。

（2）定义输出栏来作预测

Crystal Ball 将计算机仿真的输出称为预测（forecast），因为它正是预测真正系统（即将仿真的系统）运作时绩效的概率分配。每一个被计算机仿真用来预测绩效衡量的输出字段都被称为预测字段（forecast cell）。

定义预测栏的步骤

①点选选定的字段。

②点选"Crystal Ball"标签（Excel 2019）或工具栏（Excel 较早版本）的"Define Forecast"（定义预测）钮，会出现定义预测的对话框。

③点选"OK"。

（3）设定执行偏好

①设定执行偏好就是要决定执行试验的次数，并且决定如何执行计算机仿真的其他选项。

②一开始，点选"Crystal Ball"标签（Excel 2019）或是工具栏（Excel

较早版本）的"Run Preferences"（执行偏好）按钮。

③执行偏好对话框有五个卷标，可以用来输入或更改控制计算机仿真如何运作的设定。

④ "Trial"（试验）标签可设定计算机仿真试验的最大次数。

（4）执行模拟

①若要开始执行计算机仿真，只要点选"Start Simulation"（开始仿真）按钮就可以开始执行。

②一旦开始执行，预测窗口就会显示执行时计算机仿真的结果。

③在预测窗口的"View"（检视）目录中选择相关选项，即可得到以下图表：频率图（frequency diagram）、统计表（statistics table）、百分位表（percentile table）、累计图（cumulative chart）、反向累计图（reverse accumulation diagram）。

6.2　决策树方法实现工具

6.2.1　Precision Tree 适用于 Microsoft Excel 的决策树

决策树是一种通过图示罗列解题的有关步骤以及各步骤出现的条件与结果的一种方法。决策树不仅可以帮助人们理解问题，还可以帮助人们解决问题。

决策树一般是自上而下生成的。每个决策或事件（即自然状态）都可能引出两个或多个事件，导致不同的结果，把这种决策分支画成图形，很像一棵树的枝干，故称决策树。

Precision Tree 使用决策树和影响图在 Microsoft Excel 中执行决策分析。决策树允许用户以连续且有条理的方式直观地制定出复杂、多层的决策。这有助于用户确定所有可能的替代方法并选择最佳方案。决策树提供了一个正式结构，决策和机会事件在其中按照从左到右的顺序进行链接。决策、机会事件和最终结果以节点表示，并通过分支连接。结果为一个树状结构，其中"根"显示在左侧，而各种支付显示在右侧。将事件的发生概

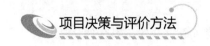

率以及事件和决策的支付添加到树中的每一个节点上。在 Precision Tree 中,用户将通过决策树看到每种可能路径的支付和概率。风险剖析和其他各种报表对比不同阶段的支付和风险,并确定最佳决策。Precision Tree 还使用户可以创建描述决策总体结构的影响图,用其来说明决策的组成部分,然后将其转换成决策树。Precision Tree 软件使用步骤如下:

第 1 步:计划决策树模型;

第 2 步:构建决策树骨架;

第 3 步:输入概率和值;

第 4 步:查看最佳策略;

第 5 步:执行灵敏度分析。

6.2.2　TreeAge Pro 软件

TreeAge Pro 软件是构建决策树,以直观、交互和易用的方式实现决策分析的技术。这一系列软件在很多行业得到了应用,如进行风险评价,研究项目中的不确定性,进行决策分析、成本效果分析、Monte Carlo 拟和等。大家可以从该软件官方网站 http：//www. treeage. com 上获取正版软件,并申请试用。

6.3　灵敏度分析工具软件

6.3.1　TopRank 用于 Excel 的自动灵敏度分析

TopRank 随 DecisionTools Suite 中文版提供,在 Microsoft Excel 电子表格中进行自动"假设"灵敏度分析,可定义任何输出项或"结果"单元格,而且 TopRank 将自动找到并更改影响用户的输出项的所有输入单元格。最终结果是确定影响用户的结果的所有输入因素,并对这些因素进行排名。单击"运行假设分析"按钮,TopRank 会通过在一定范围(如 - 10% 和 + 10%)内更改值来尝试每个变量单元格的不同值。每次尝试一个新值时，电子表格会进行重新计算并生成新的结果。分析结果包括简单易读的龙卷风图、蛛网图和灵敏度图。

完成操作后，TopRank 根据新结果对所选输出项的影响，对变量单元格进行排名。TopRank 使用 Excel 中的 Vary 函数更改一定范围内的输入项。TopRank 函数是真正的 Excel 函数，并且与 Excel 基本函数的行为方式完全一样。TopRank 窗口通过调用指向其引用的单元格，而且在某一位置进行更改，其他位置会自动做出相应更改。

6.3.2　Vensim 软件用于敏感性分析

Vensim 可提供一种简易而具有弹性的方式，以建立因果循环（casual loop）、存货（stock）与流程图等相关模型。

使用 Vensim 建立动态模型，只要用图形化的各式箭头记号连接各式变量记号，并将各变量之间的关系以适当方式写入模型，各变量之间的因果关系就随之记录完成。各变量、参数间的数量关系以方程式功能写入模型。通过建立模型的过程，可以了解变量间的因果关系与回路，并可通过程序中的特殊功能了解各变量的输入与输出之间的关系，便于使用者了解模型架构，也便于模型建立者修改模型的内容。

使用常数值的图形浏览敏感模块所使用的工具称为"SyntheSim"。使用"SyntheSim"模拟的结果会覆盖原有的模块。条板的刻数表示可改变的常数。点选工具列的"Automatically simulate on change"钮来启动 SyntheSim，若资料集"Current"已经存在，系统会显示讯息，询问是否覆盖它，回答"Yes"即可。

6.3.3　Global Sensitivity Analysis Toolbox（GSAT）

该程序开发了一个通用的用户定义的模型计算敏感性指数。敏感性分析是指从定量分析的角度研究有关因素发生某种变化对某一个或一组关键指标影响程度的一种不确定分析技术。其实质是通过逐一改变相关变量数

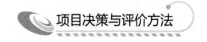

值的方法，来解释关键指标受这些因素变动影响大小的规律。

6.4 高级统计分析软件

6.4.1 StatTools 适用于 Excel 的高级统计分析

StatTools 在 Microsoft Excel 中执行时间序列预测和高级统计分析。实际上，StatTools 使用自身功能更加强大且分析更加准确的函数取代了 Excel 的内建统计函数。StatTools 涵盖最常用的统计分析，甚至允许建立自定义统计程序。StatTools 适用于销售预测、实物期权分析、六西格玛等。

6.4.2 SAS 统计软件

SAS 是英文 Statistical Analysis System 的缩写，翻译成汉语是统计分析系统，最初由美国北卡罗来纳州立大学两名研究生研制，1976 年，SAS 公司成立。2003 年，该公司全球员工总数近万人。统计软件采用按年租用制，年租金收入近 12 亿美元。SAS 系统具有十分完备的数据访问、数据管理和数据分析功能。在国际上，SAS 被誉为数据统计分析的标准软件。SAS 系统是一个模块组合式结构的软件系统，共有 30 多个功能模块。SAS 是用汇编语言编写而成的，通常使用 SAS 需要编写程序，比较适合统计专业人员，而对于非统计专业人员来说，学习 SAS 比较困难。

SAS 是一套大型集成应用软件系统，具有比较完备的数据存取、数据管理、数据分析和数据展现一系列功能。尤其是它的创业产品——统计分析系统部分，由于具有强大的数据分析能力，一直是业界比较著名的应用软件，在数据处理方法和统计分析领域，被誉为国际标准软件和最具权威的优秀统计软件包。SAS 系统中提供的主要分析功能包括统计分析、经济计量分析、时间序列分析、决策分析、财务分析和全面质量管理工具等。

SAS 系统是一个组合的软件系统，由多个功能模块组合而成，其基本部分是 BASE SAS 模块。BASE SAS 模块是 SAS 系统的核心，承担着主要的数据管理任务，并管理着用户使用环境，进行用户语言的处理，调用其他 SAS 模块和产品。也就是说，SAS 系统的运行，首先必须启动 BASE SAS 模块。它除了本身具有数据管理、程序设计及描述统计计算功能，还是 SAS 系统的中央调度室。它不仅可单独存在，也可与其他产品或模块共同构成一个完整的系统。各模块的安装及更新都可通过其安装程序方便地进行。

　　SAS 系统具有比较灵活的功能扩展接口和强大的功能模块，在 BASE SAS 的基础上，还可以通过增加如下不同的模块而增加不同的功能：SAS/STAT（统计分析模块）、SAS/GRAPH（绘图模块）、SAS/QC（质量控制模块）、SA/ETS（经济计量学和时间序列分析模块）、SAS/OR（运筹学模块）、SAS/IML（交互式矩阵程序设计语言模块）、SAS/FSP（快速数据处理的交互式菜单系统模块）、SAS/AF（交互式全屏幕软件应用系统模块）等。SAS 提供的绘图系统，不仅能绘各种统计图，还能绘出地图。SAS 提供多个统计过程，每个过程均含有极丰富的任选项。用户还可以通过对数据集进行一连串加工，实现更为复杂的统计分析。SAS 还提供了各类概率分析函数、分位数函数、样本统计函数和随机数生成函数，使用户能方便地达到特殊统计要求。

　　目前，SAS 软件对 Windows 和 Unix 两种平台都提供支持。SAS 通过对 ODBC、OLE 和 MailAPIs 等业界标准的支持，增强了 SAS 系统和其他软件厂商的应用系统之间相互操作的能力，为各应用系统之间的信息共享和交流奠定了坚实的基础。

　　在我国，虽然 SAS 的逐步应用还是近几年的事，但是随着计算机应用的普及和信息产业的不断发展，越来越多的单位选择应用 SAS 软件。尤其在教育、科研领域，SAS 软件已成为专业研究人员进行统计分析的实用标准软件。

　　然而，由于 SAS 系统是从大型机上系统发展而来的，其操作至今仍以编程为主，人机对话界面不太友好，系统地学习和掌握 SAS，需要花费一定的精力。对大多数实际部门工作者而言，需要掌握的仅是如何利用统计分析软件来解决自己的实际问题，因此往往与大型 SAS 软件系统失之交

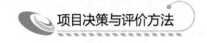

臂。但不管怎样，SAS 作为专业统计分析软件中的巨无霸，现在鲜有软件在规模系列上与之抗衡。

6.4.3 SPSS 统计软件

SPSS 是英文 Statistical Package for the Social Science 的缩写，20 世纪 60 年代末由美国斯坦福大学的三位研究生研制。1975 年，SPSS 总部在芝加哥组建。SPSS 系统的特点是操作比较方便，统计方法比较齐全，绘制图形、表格较为方便，输出结果比较直观。SPSS 是用 FORTRAN 语言编写而成的。适合进行社会学调查中的数据分析处理。

SPSS 原名社会科学统计软件包，现已改名为统计解决方案服务软件，是世界著名的统计分析软件之一。

20 世纪 80 年代以前，SPSS 统计软件主要应用于企事业单位。1984 年，SPSS 总部首先推出了世界上第一套统计分析软件微机版本SPSS/PC＋，开创了 SPSS 微机系列产品的先河，从而确立了个人用户市场第一的地位。

同时，SPSS 公司推行本土化策略，目前已推出多个语种的版本。SPSS/PC＋的推出，极大地扩大了它的应用范围，很快被应用于自然科学、技术科学、社会科学的各个领域，世界上许多有影响力的报刊杂志纷纷就 SPSS 的自动统计绘图、数据深入分析、使用灵活方便、功能设计齐全等特点给予了高度的评价与称赞。目前，SPSS 已经在国内得到广泛应用。它使用 Windows 的窗口展示各种管理和分析数据方法的功能，使用对话框展示出各种功能选择项，只要掌握一定的 Windows 操作技能，粗通统计分析原理，就可以使用该软件进行各种数据分析，为实际工作服务。

SPSS for Windows 是一个组合式软件包，它集数据整理、分析功能于一身。用户可以根据实际需要和计算机的功能选择模块，以降低对系统硬盘容量的要求，这有利于该软件的推广应用。SPSS 的基本功能包括数据管理、统计分析、图表分析、输出管理等。SPSS 统计分析过程包括描述性统计、均值比较、一般线性模型、相关分析、回归分析、对数线性模型、聚类分析、数据简化、生存分析、时间序列分析、多重响应等几大类，每类中又分好几个统计过程，比如，回归分析又分线性回归分析、曲线估计、Logistic 回归、Probit 回归、加权估计、两阶段最小二乘法、非线性回归等多个统计过程，而且每个过程中允许用户选择不同的方法及参数。SPSS 也有专门的绘图系统，可以根据数据绘制各种统计图形和地图。

6.5　智能决策软件

6.5.1　NeuralTools 适用于 Excel 的先进神经网络

NeuralTools 使用先进的神经网络在 Microsoft Excel 中进行预测分析。NeuralTools 模仿大脑功能"学习"已知数据的模式，并利用这些模式对新的不完整数据做出预测。此外，在输入数据改变时，NeuralTools 可以自动更新实时预测，从而节省了时间以进行更强大的分析。NeuralTools 可用于贷款承保、信用评分、呼叫中心规划、欺诈探测等。

6.5.2　TensorFlow

TensorFlow 是用于机器学习任务的开源软件。它的创建者谷歌公司希望提供一个强大的工具以帮助开发者探索和建立基于机器学习的应用，所以 Google 在 2015 年将其作为开源项目予以发布。TensorFlow 是一个非常强大的工具，专注于一种被称为深层神经网络（DNN）的神经网络。

6.5.3　NeuroSolutions for MATLAB 神经网络工具箱

NeuroSolutions for MATLAB 神经网络工具箱是 MATLAB 的技术计算功能的有用的附加工具，其允许用户在 MATLAB 中使用 NeuroSolutions 的功能。该工具箱将 16 种神经模型、5 种学习算法和大量的应用集成在用户界面中，使几乎对神经网络无了解的用户都可以使用该产品。该工具箱也与 NeuroSolutions 进行了融合，使得用户可以在 NeuroSolutions 中创建自定义的

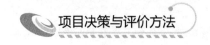

神经网络，并通过 NeuroSolutions for MATLAB 的用户界面在 MATLAB 中对其进行使用。

神经网络工具箱是 MATLAB 的外接程序，使用方便，呈现效果直观。它利用了业界的神经解决方案、神经网络和 MATLAB 中的人工智能。该软件可以让用户集中精力解决问题，而不是花很多钱去寻找神经网络文献和自己开发算法。

6.6　优化决策软件工具

6.6.1　RiskOptimizer 软件

RISKOptimizer 将最优化和蒙特卡罗模拟配合使用，以解决存在不确定因素的最优化问题。选取任意一个最优化问题，并且用表示可能值范围的 @ RISK 函数替换不确定值。RISKOptimizer 将尝试调整单元格的不同组合以实现您定义的目标，同时对每种试验解法运行蒙特卡罗模拟来解释内在不确定因素，结果是生成最强大且最准确的可能解法。例如，可以确定最佳项目组合，从而在成本不确定的情况下实现企业利润最大化。

6.6.2　Evolver 适用于 Microsoft Excel 的创新性遗传算法最优化

Evolver 在 Microsoft Excel 中执行基于遗传算法的最优化。Evolver 特别适用于为其他求解程序无法解决的非线性复杂问题查找最佳整体全局解法。Evolver 的遗传算法不断尝试新的不同解法，以生成最佳可能解法。金融、配送、日程安排、资源分配、投资组合最优化、生产制造、预算制定等，只是 Evolver 可以解决的问题类型中的一小部分。

6.6.3　WinQSB 软件

WinQSB 软件界面设计友好，使用简单，几乎涵盖了所有的运筹学内容，可视化界面是其最大的优势，对于较小的问题，其能演示中间的计算过程，数据输入以电子表格为主，输出包括电子表格和图形分析表。现有的 WinQSB 软件均是英文版本，虽然其涵盖了运筹学的全部内容，但对于规模较大的问题却不能进行很好的解决。WinQSB 实际上是一款专业的教学软件，更适合进行课堂教学演示。其主要功能就是让用户可以在电脑上分析无规律的数据。在生产或者销售管理中，每天需要制订的销售方案可能都是不同的，商家需要根据不同地区的客户需求，建立专属的销售方案，而如何才能制订最佳的方案，就需要使用 WinQSB 运筹学软件来求解了，所谓运筹学，其实就是利用现有的数据，将所有的数据按照不同的分组建立针对性的分析，结合统计、函数、图表、模型等多方面的技术，求解出最适合运营的方式，从而有效地优化当前销售方案，弥补其中的不足。

6.6.4 管理运筹学软件2.0

管理运筹学软件2.0是韩伯棠编著的《管理运筹学》的配套软件，是一款运筹管理软件，包括线性规划、图与网络、其他模型三大类，支持线性规划、运输问题、整数规划、目标规划、对策论等功能，适用于管理科学、决策科学、运筹学等场合。

管理运筹学是架构在运筹学基础上的学科，借助运筹学的理论方法，针对现实中的系统特别是经济系统，进行量化分析，并以量化数据为支撑，去求得经济系统运行的最优化方案，以此来帮助系统运行的决策者做出科学的决策。由此可见，管理运筹学是一门以决策支持为目标的应用性学科。

该软件主要是为学习及研究管理学、经济学、社会学、政治学等学科服务的，主要内容涉及经济管理中的最优规划及决策方法等问题。通过软件的学习和使用，可以掌握如何从定性分析向定量分析过渡，分析整理系统的有关信息去建立相应的定量分析模型，同时掌握有关求解定量模型的数学方法。

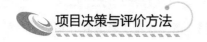

6.6.5 LINGO 软件

LINGO 是 Linear Interactive and General Optimizer 的缩写，即"交互式的线性和通用优化求解器"，由美国 LINDO 系统公司（Lindo System Inc.）推出，可以用于求解非线性规划，也可以用于一些线性和非线性方程组的求解等，功能十分强大，是求解优化模型的最佳选择。

其特色在于内置建模语言，提供十几个内部函数，允许决策变量是整数（即整数规划，包括 0 ~ 1 整数规划），方便灵活，而且执行速度非常快，方便与 EXCEL、数据库等其他软件交换数据。

LINGO 是使建立和求解线性、非线性和整数最佳化模型更快、更简单、更有效率的综合工具。LINGO 提供强大的语言和快速的求解引擎，来阐述和求解最佳模型。

1）简单的模型表示

LINGO 可以将线性、非线性和整数问题迅速地以公式进行表示，并且容易进行阅读、理解和修改。LINGO 的建模语言允许使用汇总和下标变量，以一种易懂、直观的方式来表达模型，非常类似于使用纸和笔。由于模型更加容易构建和更容易理解，因此更容易维护。

2）方便的数据输入和输出选择

LINGO 建立的模型可以直接从数据库或工作表中获取资料。同样地，LINGO 可以将求解结果直接输出到数据库或工作表中，从而在选择的应用程序中生成报告。

3）强大的求解器

LINGO 是用一整套快速的、内建的求解器来求解线性的、非线性的（球面或非球面的）、二次的、二次约束的和整数优化问题。用户甚至不需要指定或启动特定的求解器，因为 LINGO 会读取用户的方程式并自动选择合适的求解器。

4）交互式模型或创建 Turn – key 应用程序

用户能够在 LINGO 内创建和求解模型，也能够从用户自己编写的应用程序中直接调用 LINGO。对于开发交互式模型，LINGO 提供了一整套建模环境来构建、求解和分析用户的模型。为构建 Turn - key 解决方案，LINGO提供可调用的 DLL 和 OLE 界面，能够从用户自己写的程序中被调用。LINGO 也能够从 Excel 宏或数据库应用程序中被直接调用。